Mission possible

Als Freiwillige
ein Jahr die Welt verbessern

Klaus Väthröder SJ (Hg.)

Dorothee Krings
Andreas Krebs

Mission possible

Als Freiwillige
ein Jahr die Welt verbessern

HERDER

FREIBURG · BASEL · WIEN

Umschlaggestaltung: post scriptum, Emmendingen / Hüfingen
Umschlagmotiv: © Andreas Krebs

Bildnachweis Umschlagrückseite: © privat
Grafik Weltkarte: © Claudia Sander

Satz: post scriptum, Emmendingen / Hüfingen
Herstellung: Graspo CZ, Zlín

Printed in the Czech Republic

ISBN 978-3-451-34833-4

Inhalt

Vorwort

Ein Jahr anders leben. Ein Jahr im Ausland einen Freiwilligeneinsatz leisten. Ein Jahr in eine andere Welt und eine neue Kultur eintauchen. Davon träumen viele Menschen – nach dem Abitur oder der Ausbildung, während des Studiums, als ein Sabbatjahr während des Berufslebens oder nach der aktiven Berufsphase. Die Motivation für einen Freiwilligendienst ist oft eine Mischung aus verschiedenen Faktoren: etwas Neues wagen, anderen Menschen helfen, sich selbst besser kennenlernen, etwas Sinnvolles tun, sich für mehr Gerechtigkeit einsetzen.

Von Dietrich Bonhoeffer stammt die Wendung: »Dem Rad in die Speichen greifen«. Er sagte dies im Zusammenhang seines Widerstandes gegen das Naziregime. Auch im Zusammenhang mit unserem Freiwilligendienst *Jesuit Volunteers* ließe sich das als Motto wählen: »Der Welt in die Speichen greifen«. Den Wagen daran hindern, einfach so weiterzufahren. Der Freiwilligeneinsatz ist eine Zeit der persönlichen Bildung und Selbsterfahrung, aber als ein Programm des Jesuitenordens auch immer eine Sendung. Und zwar eine Sendung an die Grenzen. Damit sind nicht nur geographische, sondern vor allem auch gesellschaftliche Grenzen gemeint. Es ist eine Sendung an die Ränder unserer Welt, zu den Ausgegrenzten, hinaus aus der bequemen Konsum- und Glitzerwelt unserer Metropolen, hin zur Peripherie, wo Armut und Mangel herrschen.

Um der Welt in die Speichen zu greifen, braucht es Wissen um globale Zusammenhänge, die Suche nach Alternativen, die Gemeinschaft Gleichgesinnter und vor allem auch eine Veränderung des eigenen Blickwinkels. Diese Veränderung des Blickwinkels dokumentiert das vorliegende Buch, in dem Freiwillige vor und nach ihrem Einsatz eine Reihe ähnlicher Fragen beantworten. Dadurch erleben wir ganz nah, authentisch und ungefiltert die Prozesse, die das Jahr im Ausland in diesen Menschen angestoßen hat.

Seit über zehn Jahren bietet die Jesuitenmission Freiwilligeneinsätze in Partnerprojekten rund um den Globus an – in Afrika, Asien, Osteuropa und Lateinamerika. *Jesuit Volunteers* richtet sich an weltbegeisterte Erwachsene ab 18 Jahren und ist eine Kooperation der drei deutschsprachigen Jesuitenmissionen Österreich, Schweiz und Deutschland. Die Freiwilligen leben und arbeiten für ein Jahr in einem Sozialprojekt mit und passen sich den dortigen Lebensgewohnheiten einer Jesuitenkommunität, eines Schwesternordens, einer Wohngemeinschaft oder eines Internates an. Unser Freiwilligendienst richtet sich nicht nur an Schulabgänger oder Studierende, sondern es gibt auch ältere Freiwillige, die ein Jahr Auszeit von ihrem Beruf nehmen. Pro Jahr gibt es Plätze für etwa 25 Freiwillige. Es ist nicht möglich, sich auf ein festes Projekt oder ein bestimmtes Land zu bewerben, sondern über den geeigneten Einsatzort wird gemeinsam mit den Freiwilligen und unseren Projektpartnern während der Vorbereitungsphase entschieden.

Bevor ich im Jahr 2007 die Leitung der Jesuitenmission übernommen habe, war ich zwölf Jahre in Venezuela. Dort habe ich in pastoralen Projekten in den Armenvierteln von Caracas mitgearbeitet und war Direktor des Sozialzentrums *Centro Gumilla* der Jesuiten. In diesen Jahren habe ich auch immer wieder Freiwillige in Venezuela begleitet. Die Freiwilligen schenken den Armen vor allem ihre Zeit. Sie »verschenken« ein Jahr ihres Lebens, um mit ihnen zu leben. Das ist nicht selbstverständlich und löst aus der Perspektive der Ausgegrenzten und Benachteiligten oft großes Staunen aus: Jemand, dem alle Türen offen stehen, der arbeiten und Geld verdienen könnte, entscheidet sich, bei ihnen zu sein und mit ihnen zu leben. Dieser Aspekt ist nicht zu unterschätzen: Allein in der Anwesenheit der Freiwilligen erfahren Arme eine für sie oft wirklich überraschende und neue Wertschätzung. Die Freiwilligen machen eine persönliche Erfahrung der Lebensbedingungen der Armen und gewinnen Einsicht in die Strukturen der Ungerechtigkeit. Dies kann zu einer tieferen Reflexion und Glaubenserfahrung führen und den Freiwilligen ein Verständnis für andere Kulturen und Religionen eröffnen. In dem Jahr durchlaufen Freiwillige verschiedene Phasen. Es beginnt meistens mit der Euphorie über eine neue und aufregende Welt. Alles, was anders als in der Heimat ist, wird zuerst einmal positiv gewertet. Nach einer gewissen Zeit der Eingewöhnung in Leben und Arbeit in ihrer neuen Umgebung tritt ein gewisser Ernüchterungsprozess ein. Der Reiz des Exotischen ist abgeflaut und oft stellt sich ein Gefühl der Unterforderung ein. Viele Freiwillige haben hohe Ansprüche an sich, wollen mehr leisten und mehr verändern. Nach der Rückkehr in ihre Heimat stehen sie dann vor der Frage, wie sie die Erfahrungen des Einsatzes in ihr gewohntes Lebensumfeld integrieren können. Diese Phasen und Prozesse finden sich in den Interviews in diesem Buch wieder. Es sind persönliche und spannende Zeugnisse von der Kraft und auch von den Grenzen eines Freiwilligeneinsatzes. Und sie alle zeigen: Es lohnt sich, ein Jahr anders zu leben. Und es ist ein Jahr, das weit über die Zeit des Einsatzes fortwirkt.

P. Klaus Väthröder SJ
Direktor der Jesuitenmission Deutschland

Einführung

Wie verändern sich Menschen, wenn sie sich ein Jahr der Welt aussetzen? Wenn sie in fremde Kulturen aufbrechen und die Härten erleben, mit denen ein Großteil der Menschheit ringt? Die Freiwilligen der Jesuitenmission erfahren das am eigenen Leib. Sie lassen sich auf ein Leben mit und bei den Armen ein, arbeiten ein Jahr in Projekten, die sie mit sozialer Realität in anderen Teilen der Erde in Berührung bringen, und kehren verändert zurück.

Diese Veränderung ist schwer in Worte zu fassen. Aber sie zeichnet sich ab: in den Gesichtern von Menschen, in ihrer Haltung, in ihren Gesten. Und in ihren Überzeugungen, in ihrer Vorstellung von Armut, Gerechtigkeit und einem guten Leben. Was ist Glück? Darauf geben Menschen nach einem Freiwilligenjahr andere Antworten.

Darum interessiert uns der Vergleich: Wir haben die Teilnehmer eines Jahrgangs des Programms *Jesuit Volunteers* der Jesuitenmission in Deutschland, Österreich und der Schweiz vor ihrem Auslandsjahr getroffen. Wir haben mit ihnen über ihre Motivation, ihre Erwartungen, ihre Befürchtungen gesprochen – und über abstrakte Fragen wie: Was ist Armut? Was bedeutet Gutes tun? Was ist Heimat?

Und wir haben die Freiwilligen mit den Mitteln der Fotografie porträtiert. Wir haben ihre Gesichter aufgenommen in Momenten, da sie scheinbar neutral in die Kamera schauen und uns doch verraten, wie sie in die Welt blicken. Außerdem haben wir sie aufgefordert, Selbstporträts von sich anzufertigen. Allein in einem Zimmer nur mit der Kamera, einen Selbstauslöser in der Hand, konnten sie Posen und Haltungen ausprobieren, um einen Ausdruck für sich selbst zu finden. Es sind Selbstbeschreibungen ohne Worte.

All das haben wir nach dem Freiwilligenjahr wiederholt. Wieder haben wir Interviews geführt, haben mit den Rückkehrern aus Indien, Afrika, Lateinamerika oder benachteiligten Regionen Europas über die identischen Themen gesprochen. Und wieder haben wir sie fotografisch porträtiert und ihnen das Feld für Selbstporträts überlassen.

Im Vergleich der Porträts in Wort und Bild, vor und nach dem Freiwilligenjahr, zeichnet sich die Entwicklung ab, die Menschen im sozialen Einsatz durchlaufen. Sie alle haben Armut, Benachteiligung und Ausgrenzung hautnah erlebt, haben erfahren, wie viel Ohnmacht es in der globalisierten Welt gibt. Zugleich sind sie auf Lebensfreude, Gelassenheit, Zutrauen in das eigene Dasein gestoßen, haben in Kulturen gelebt, die anders mit Zeit und Leistungsdruck umgehen, in denen das Miteinander wichtiger ist als das Individuum. Das hinterlässt Spuren im Denken von Menschen und wird auch optisch erkennbar. Manchmal sind diese Spuren offensichtlich. Manchmal ist nur der Blick offener geworden oder ernster oder skeptischer oder wie befreit von einer Last. Im Folgenden finden Sie zunächst die Interviews und Bilder, die vor dem Auslandsjahr entstanden sind, dann die Fotos und Interviews, die wir kurz nach der Rückkehr mit den Freiwilligen gemacht haben.

Wir möchten Sie einladen, diesen Spuren zu folgen. In den Porträts und Selbstporträts der *Jesuit Volunteers* aus dem Jahrgang 2013/2014. Und in den Gesprächen über ihre Hoffnungen, Erfahrungen, Einsichten aus einem Jahr intensiven Lebens in der Welt. Natürlich geht es bei einem Freiwilligenjahr auch um Neugierde, Entdeckerlust, um Freude an einer neuen Kultur und um die Herausforderung, ein Jahr in der Fremde zu meistern. Doch ein Freiwilligenjahr ist mehr als ein paar Monate Abenteuer in einem exotischen Land. Es geht auch um die Utopie von einer gerechteren Welt, um die Idee, durch sein Handeln ein Zeichen der Solidarität zu setzen und benachteiligten Menschen zu signalisieren, dass sie nicht vergessen sind. Es geht darum, Verantwortung zu empfinden. Und dem Empfinden Taten folgen zu lassen.

Dieses Buch beruht auf einer subjektiven Erfahrung. Auch die Autorin ist als *Jesuit Volunteer* unterwegs gewesen. Als ausgebildete Journalistin und Redakteurin einer deutschen Tageszeitung ist sie drei Monate durch Indien gereist, um für eine alternative Nachrichtenagentur über das Leben benachteiligter Menschen wie der Dalit zu berichten. Auch sie hat also all die Stadien eines Freiwilligendienstes erlebt. Sie hat erfahren, wie aus Unbehagen mit den sozialen Verhältnissen in der Gegenwart konkretes Engagement werden kann. Und wie Menschen auf diesem Weg zueinanderfinden und einander stärken. Sie war Teil des porträtierten Jahrgangs und so beeindruckt von den so unterschiedlichen Menschen im Alter von 18 bis 68 Jahren, dass sie für dieses Buch aus der Gruppe herausgetreten ist, um ihre Mitfreiwilligen zu porträtieren. Ohne deren Vertrauen wäre dieses Projekt nicht möglich gewesen.

Die Globalisierung hat viele destruktive Prozesse in Gang gesetzt, es ist wichtig, darüber kritisch zu berichten. Doch genauso gibt es junge und ältere Menschen, Christen und Nichtchristen, die sich für die Welt begeistern, die sich auf unbekannte Kulturen, auf interreligiösen Dialog einlassen und versuchen, der wachsenden Ungleichheit weltweit etwas entgegenzusetzen. Es ist wichtig, dass in der Öffentlichkeit auch von diesen Menschen die Rede ist. Dass wir einander von unseren Utopien erzählen und davon, wo sie bereits Wirklichkeit werden.

Dorothee Krings und Andreas Krebs

Einsatzorte der Freiwilligen

Rumänien, Temeswar
Peter Fendel
Elisabeth Langner
Antonie Thiel
Anne Lux

Bosnien, Tuzla
Viola Fricke
Marlen Schupp
Lisa Thonemann

Mexico, **Guadalajara**
Christian Fußel
Evelin Graf
Alexandra Lederer

Peru, **Piura**
Florian Buscher

Argentinien, **Orán**
Magdalena Hürten
Maria Reiter

Rumänien, **Ploieşti**
Julia Leimeister

Bulgarien, **Sofia**
Anna-Lena Königbauer
Magdalene Skala

Indien, **Raiganj**
Paula Grzesiek
Michael Ströhle

Indien, **Sahibganj**
Simon Bürger
Juliane Heßel

Indien, **Manvi**
Dominic Schmidt-Leukel

Indien, **Madurai**
Katharina Meichsner

Tanzania, **Dodoma**
Maximilian Krainz

Simbabwe, **Makumbi**
Mirjam Lang
Ann-Kathrin Ott

Interviews und Porträts
der 25 Freiwilligen

Magdalena Hürten

Jahrgang 1994
Abiturientin
Pullach

Einsatzland Argentinien
Mitarbeit in einer Tagesstätte für benachteiligte Kinder und Jugendliche in Orán

Das kann ich besonders gut
Gut zuhören, mitfühlen vielleicht, Sprachen liegen mir.

Diese Eigenschaft an mir ist besonders wichtig
Empathie, glaube ich.

Meine größte Schwäche ist
Vielleicht, dass ich manchmal schüchtern bin und mir dann selbst im Weg stehe.

Mein Held / Heldin ist
Generell Menschen, die dafür einstehen, woran sie glauben. Gandhi zum Beispiel.

Das macht mich glücklich
Zeit mit Freunden zu verbringen.

Das macht mich traurig
Unehrlichkeit.

Das macht mich zufrieden
Ich könnte jetzt wieder sagen: Zeit mit Freunden. Gutes Wetter, frische Luft.

Das macht mich wütend
Ungerechtigkeiten.

Vom nächsten Jahr erhoffe ich
Sehr viele neue Leute kennenzulernen, neue Sichtweisen zu bekommen, andere Blickwinkel einzunehmen.

Vom nächsten Jahr befürchte ich
Ich hab ein bisschen Angst vor Heimweh und vor der neuen Sprache.

Weihnachten erwarte ich
Es wird spannend, Weihnachten im Sommer zu erleben. Ich habe schon gelesen, dass Weihnachten in Argentinien eine große Feier ist, nicht nur wie bei uns im engen Familienkreis, sondern wirklich eine Feier, bei der auch getanzt wird, alle sich freuen, wie eine Geburtstagsfeier. Das könnte mir gefallen.

Für meinen Geburtstag wünsche ich mir
Dieses Jahr ist mir das gar nicht so wichtig. Ich bin dann dort, lasse mich überraschen und hoffe, dass ich nicht zu großes Heimweh bekomme.

Verändern wird sich an mir bestimmt
Ich hoffe, dass ich ein bisschen offener werde und dass es mir leichter fallen wird, auf Menschen zuzugehen.

Lernen möchte ich
Frei auf die Menschen zuzugehen, ohne Vorurteile, offen zu sein für alles, was kommt und es auch so annehmen zu können.

Der Abschied fällt mir schwer von
Freunden und Familie.

Vermissen werde ich
Meine Freunde, meine Familie und den Herbst in Deutschland.

Familie bedeutet mir
Sehr viel. Sie ist mein sicherer Hafen, mein Rückhalt, weil sie für mich da ist und ich weiß, dass das auch so bleibt.

Gutes tun bedeutet
Selbstlos zu handeln und anderen wirklich das zu geben, was sie brauchen, und nicht das, was man nur denkt, dass sie brauchen.

Armut ist
Es gibt materielle Armut, aber auch soziale, wenn Menschen ausgeschlossen sind und benachteiligt werden.

Luxus ist

Zeit zu haben, sich entspannen zu können, sich mit Leuten zu treffen, die man gerne hat.

Glauben bedeutet

Eine feste Richtung im Leben zu haben, auf etwas zuzugehen, Grundsätze zu haben, für die man einsteht – zusammen mit anderen.

Freiheit bedeutet

Alle realistischen Wünsche verwirklichen zu können. Die Möglichkeit zu haben, sich in die Richtung zu entwickeln, in die man gerne gehen möchte.

Heimat ist

Sich zuhause zu fühlen, das kann überall auf der Welt sein.

Heimweh ist

Sich zurückzusehnen zu Menschen oder Dingen, die man lieb gewonnen hat, die einem Heimat bedeuten.

Sprache ist

Kommunikation und Austausch. Sprache bringt die Menschen zusammen.

Glück ist

Für mich nur so ein kleiner Moment, in dem man zufrieden ist und im Jetzt lebt, weder zurück noch in die Zukunft schaut, sondern nur den Moment genießen kann.

Ein besonders schöner Moment in meinem Leben bisher war

Die Schule geschafft zu haben. Ich bin zufrieden damit, wie es gelaufen ist.

Das gebe ich den anderen Freiwilligen mit auf ihren Weg

Ich wünsche ihnen, dass sie die Zeit genießen können, dass sie sich wohlfühlen und angenommen fühlen, und dass sich ihre Wünsche für das Jahr erfüllen.

Das gebe ich mir selbst mit auf den Weg

Ich wünsche mir, dass ich offen sein kann, dass ich mich ganz auf das Leben und die Menschen in der neuen Kultur einlasse und mich so anpassen kann, dass ich zufrieden bin.

Magdalena Hürten

Nach der Rückkehr

Diese Eigenschaft an mir ist besonders wichtig
Ich bin ein ruhiger Mensch, besonnen, aber auch herzlich.

Meine größte Schwäche ist
In Konflikten zu sagen, was ich für ein Problem habe, dem gehe ich gerne aus dem Weg.

Das hat mir das vergangene Jahr gebracht
Ich bin erwachsener und reifer geworden. Ich habe mehr meinen Platz gefunden und mir neue Ziele gesteckt: Ich will jetzt in Münster Theologie studieren, dann die Ausbildung zur Pastoralreferentin machen und gern in einer Gemeinde oder in einer Organisation arbeiten. Ich kann mir auch vorstellen, nochmal ins Ausland zu gehen. Theologie war auch vor dem Jahr schon eine Option unter anderen, jetzt habe ich mich dafür entschieden. Ich habe gemerkt, was ich in meinem Leben brauche, und wie ich leben will. Zum Beispiel, dass ich Wert auf einen einfacheren Lebensstil legen möchte, nachhaltig leben und mir Zeit für die wichtigen Dinge nehmen will, für Freunde zum Beispiel. Wenn ich meine Freunde treffe, möchte ich auch wirklich da sein, ohne ständig auf die Uhr zu sehen und andere Termine im Kopf zu haben.

Diese Angst musste ich überwinden
Immer wieder, Konflikte anzusprechen. Und auch, auf Leute zuzugehen. Ich bin eher der schüchterne Typ, aber das ging dann am Ende auch ganz gut.

Vom nächsten Jahr erhoffe ich mir
Dass es mir in Erinnerung bleibt, dass ich die Früchte sehen kann und weiß, was das Jahr im Ausland mir und den Anderen gebracht hat.

Weihnachten habe ich so gefeiert
Bei über 40 Grad. Ich fand das nicht so schön, weil es keinen Advent gab, der Weihnachtsgottesdienst war auch wie jeder andere, gar nicht feierlich, mir war überhaupt nicht nach Weihnachten zumute. Es gab so kleine Plastikweihnachtsbäume aber keine Geschenke. Ich war in der Familie eines Freundes. Da wurde zu Abend gegessen, dann Musik angemacht und getanzt und um Mitternacht gab es ein Feuerwerk.

Liebe ist mir begegnet in
Der Beziehung zu den Kindern, die sind sehr zutraulich. Man kommt an und wird erstmal umarmt. Bei vielen liegt das sicher daran, dass sie zuhause kaum Aufmerksamkeit bekommen. Sie wussten, dass sie bei uns im Zentrum umarmt werden und jemand sich Zeit für sie nimmt.

Verändert hat sich an mir
Ich habe das Gefühl, dass ich jetzt eher weiß, wer ich bin und wo ich hinwill. Ich bin um sehr viele Erfahrungen reicher geworden. Auch in der WG, weil man da im Zusammenleben einiges klären muss – das hat seinen Teil dazu beigetragen.

Gelernt habe ich
Auch auf die kleinen Dinge zu achten. Gerade in der Arbeit mit den Kindern hat man oft keine großen Veränderungen gesehen, aber kleine. Da musste man drauf achten, sich immer weiter Mühe geben und sich nicht abbringen lassen.

Überrascht hat mich
Dass so viel gefeiert wurde (lacht). Ich hatte mir das Jahr ein bisschen besinnlicher vorgestellt, mit mehr Zeit, das war bei uns gar nicht so. Nicht dass wir groß Party machen wollten, wir wurden von Anfang an von Freunden mitgenommen, wir haben einfach die Feste gefeiert, die sie auch gefeiert haben – und das waren viele!

Bestürzt hat mich
Die Lebensrealität einiger Kinder. Wir hatten auch Mädchen im Hort, die gar nicht zur Schule gegangen sind, weil die Eltern sie einfach nicht angemeldet haben. Die kommen aus sehr armen Vierteln. Da stehen nur Holzhäuser und es gibt eine sehr hohe Kriminalität, viele Drogen, viele Geschwisterkinder, die auch schon Drogen nehmen. Das war schon hart.

Gutes tun bedeutet
Sich selbst zurückzustellen und zum Wohle anderer zu handeln.

Armut ist
Das Fehlen von lebenswichtigen Mitteln, beziehungsweise

von Mitteln, die das Leben lebenswert machen. Ob das nun Geld ist oder Liebe oder Bildung.

Luxus ist

(lacht) In Argentinien habe ich einmal gedacht, wie schön es jetzt wäre, mal wieder auf einem richtigen Sofa zu sitzen und den Fernseher anzumachen, um einen Film zu sehen, das wäre voll der Luxus.

Glauben ist

Glauben ist mir eine Stütze und bedeutet alles, weil er immer gegenwärtig ist. Mir hat der Glaube auch geholfen, weil ich da meine Sorgen und meine Hilflosigkeit reinlegen konnte, genauso wie meine Freude.

Freiheit bedeutet

Durch die Straßen spazieren zu können, ohne Angst zu haben, dass man beklaut wird oder sonst irgendetwas passiert. Auch ohne, dass einem jeder hinterherschaut.

Einsamkeit ist

Wenn man seine Eindrücke, seine Meinungen nicht teilen kann. Wenn man das Gefühl hat, man sei allein und es gebe niemanden, der einen versteht.

Glück ist

Zufrieden zu sein und Menschen um sich zu haben, die man gern hat. Mit seinen Aufgaben zufrieden zu sein und zu sehen, dass man etwas bewegen kann und dass sinnvoll ist, was man tut.

Ein besonders schöner Moment in meinem Leben war bisher

Am Ende meiner Zeit, als ich gemerkt habe, dass die Kinder zum Beispiel in der Hausaufgabenbetreuung wirklich Fortschritte machen. Da habe ich gemerkt, dass meine Arbeit etwas gebracht hat.

Ein besonders schwieriger Moment in meinem Leben war bisher

Da gab es auch viele. Zum Beispiel bei der Arbeit: Die Kinder waren sehr undiszipliniert, es waren auch viel zu viele in den Hausaufgabenräumen, so dass sich eigentlich keiner konzentrieren konnte. Man musste dann laut werden, um überhaupt gehört zu werden und um ein bisschen Disziplin da reinzubringen. Manchmal haben die Kinder sogar angefangen zu weinen, nicht besonders oft, aber das war dann doch erschreckend. Sie haben dann einfach gebockt, weil sie die Hausaufgaben nicht machen wollten und sich überfordert fühlten. Das war dann schwierig, da hätte man am liebsten alles hingeschmissen und gesagt, macht doch, was ihr wollt, ich packe das hier nicht mehr. Es war also manchmal schwer, sich durchzubeißen.

Das gebe ich den anderen Freiwilligen mit auf den weiteren Weg

Dass sie das Jahr nie vergessen, die tollen Erfahrungen, die sie gemacht haben, vielleicht auch die nicht so schönen Momente. Dass sie alle aus dem Jahr etwas mitnehmen können.

Das gebe ich mir selbst mit auf den Weg

Dass ich mich auch immer wieder daran erinnere, was ich dort gelernt habe, und inwiefern ich mich verändert habe. Ich möchte die guten wie die schlechten Seiten im Gedächtnis behalten.

Ann-Kathrin Ott

Jahrgang 1991
Assistentin Montessori-Kinderkrippe
Bernau, Tirol

Einsatzland Simbabwe
Mitarbeit in einem Frauenprojekt sowie in diversen Berufsförderungsmaßnahmen und pädagogische Arbeit in einer Vorschule in Makumbi

Das kann ich besonders gut
Schreiben.

Diese Eigenschaft an mir ist besonders wichtig
Dass ich gut zuhören kann.

Meine größte Schwäche ist
Ich glaube, ich bin launisch. Bei Fremden nicht, aber meine Familie und Freunde kriegen das manchmal zu spüren.

Mein Held / Heldin ist
Meine Uroma, die im vergangenen Jahr gestorben ist. Die Einfachheit, mit der sie gelebt hat und immer zufrieden war, ihre Freude an der Arbeit und ihr fröhliches Wesen haben mich beeindruckt. Sie war 40 Sommer lang auf der Alm, hat da Butterkäse gemacht, hat ihn ins Dorf runtergetragen und ist dann wieder rauf.

Das macht mich glücklich
Die Natur macht mich glücklich. Wenn ich draußen sein kann, egal ob es regnet oder schneit. Wenn ich an der frischen Luft bin und schöne Dinge sehe, bin ich zufrieden.

Das macht mich traurig
Dass es nicht allen Menschen so gut geht wie mir.

Das macht mich zufrieden
Dass ich weiß, dass am Ende alles gut wird – eigentlich schon gut ist.

Das macht mich wütend
Da könnte ich viel aufzählen. Ich selbst mache mich oft wütend. Und Ungerechtigkeit im Allgemeinen.

Vom nächsten Jahr erhoffe ich
Eine Veränderung. Herausforderungen und Einblicke in eine andere Welt.

Vom nächsten Jahr befürchte ich
Dasselbe: Herausforderungen und Veränderungen. Darauf freue ich mich und davor habe ich gleichzeitig Angst. Ich befürchte, dass ich mich selbst noch besser kennenlernen werde und dass mir das gar nicht so gefallen könnte.

Das nehme ich unbedingt mit
Den Rosenkranz meiner Uroma. Ein leeres Tagebuch, um meine Erfahrungen und Geschichten aufzuschreiben, und Fotos, die mich an zu Hause erinnern.

Das lasse ich gern zurück
Mein Kind-Sein. Ich lebe im Moment zwar nicht unselbständig, aber ich weiß, dass sich mein Leben verändern wird. Ich werde nicht mehr zu Hause wohnen, werde mich selbst um mein Leben kümmern müssen und auf diese Selbstständigkeit freue ich mich.

Dieses Buch nehme ich auf jeden Fall mit
»Frauen in Simbabwe« und mein Tagebuch, mehr Bücher wären sicher zu schwer.

Weihnachten erwarte ich
Ganz was anderes. Keine Ahnung, was mich erwartet, aber ich bin für alles bereit.

Verändern wird sich an mir bestimmt
Meine Einstellungen. Mein Blick auf Afrika, mein Blick auf schwarze Menschen und auf Gerechtigkeit. Verändern werden sich meine Haare, ich hab mal überlegt, sie ganz kurz zu schneiden, in Afrika kann ich mir dann ein Tuch umbinden.

Lernen möchte ich
Eine neue Sprache. Mit mir selbst umzugehen, wenn es mir schlecht geht, dass ich dann einen Weg finde, das auszuhalten und nicht aufzugeben. Auch wenn man sich dann nach Zuhause sehnt.

Der Abschied fällt mir schwer von

Von meiner Umgebung, von den Menschen dort und von der Natur. Von der Unbeschwertheit daheim, rauszugehen, wann man will, sich zu treffen, mit wem man will. Das wird in Afrika anders sein. Von den Freiheiten Abschied zu nehmen, das wird mir schwerfallen.

Vermissen werde ich

Natürlich meine Leute zu Hause, meine Familie und die Berge – ich denke, die werde ich am meisten vermissen.

Familie bedeutet mir

Familie macht mein Leben aus. Meine Familie hat mich zu dem gemacht, was ich jetzt bin. Ich habe vollen Rückhalt bei meiner Familie, auch für das kommende Jahr.

Gutes tun bedeutet

Ständig an sich selbst zu arbeiten und sich für andere einzusetzen.

Armut ist

Verzweiflung.

Luxus ist

Zufrieden zu sein.

Glauben ist

Der Weg und das Ziel.

Freiheit bedeutet

Sicherheit. Unversehrt leben zu können. Keine Angst haben zu müssen.

Heimat ist

Bernau. Da, wo ich herkomme.

Heimweh ist

Das schlimmste Gefühl, das ich kenne.

Sprache ist

Aufregend.

Glück ist

Das, was wir alle erreichen wollen.

Ein besonders schöner Moment in meinem Leben bisher war

Ich glaube, das war auf Korsika, wo ich für drei Monate mein erstes Praktikum gemacht habe. Da wurde mir bewusst, dass mir die Welt offen steht. Da hatte ich das Gefühl, dass ich alles machen kann, was ich will. Das Gefühl war atemberaubend. Das war einer der schönsten Momente in meinem Leben.

Ein besonders schwieriger Moment in meinem Leben bisher war

Ich glaube, die schwersten Momente habe ich immer mit mir selbst erlebt, wenn es mir aus irgendeinem Grund nicht so gut ging. Ich bereite mir oft selbst Schwierigkeiten und da kann mir dann auch keiner helfen, da muss ich selbst mit umgehen, das ist in meinem Leben bisher am schwierigsten.

Das gebe ich den anderen Freiwilligen mit auf ihren Weg

Ich hoffe, dass sie vor Ort das antreffen, wonach sie sich sehnen in diesem Jahr. Das wünsche ich ihnen allen.

Das gebe ich mir selbst mit auf den Weg

Dass ich mich einlasse auf das, was kommt.

Ann-Kathrin Ott

Nach der Rückkehr

Das macht mich glücklich
Gemeinschaft, die Natur und Träume zu haben.

Das macht mich traurig
Dass viele Menschen ihre Träume nie verwirklichen können.

Das macht mich zufrieden
Dass ich so bin, wie ich bin, glaube ich.

Das macht mich wütend
Die Dummheit der Menschen. Dass sie einerseits tolle Dinge erfinden, aber mit simplen Herausforderungen nicht zurechtkommen. Dass sie dann nicht mal den gesunden Menschenverstand einschalten, dies sogar wissen, aber trotzdem zu faul oder zu schwach sind, etwas daran zu ändern.

Das hat mir das vergangene Jahr gebracht
Erkenntnis. Ganz viele Einblicke in verschiedene Lebenssituationen, die ich vorher nicht kannte, aber auch kleine Dämpfer. Ich habe ein bisschen Idealismus verloren. Ich bin immer noch weniger Realist als viele Menschen in meinem Umfeld, aber ich war mal noch idealistischer.

Diese Angst musste ich überwinden
Versprechen zu machen, die ich nicht halten kann. Manchmal ist bei mir das Helfersyndrom herausgekommen, dann habe ich Menschen kennengelernt, denen ich gern direkt helfen wollte, aber das schürt dann auch Erwartungen. Dazwischen muss man seinen Weg finden.

Vom nächsten Jahr erhoffe ich mir
Klarheit und Sicherheit für meine Pläne, Wünsche und Beziehungen. Ich möchte bewusst leben, um richtige Entscheidungen treffen zu können. Ich werde jetzt erst einmal in Wien Kultur- und Sozialanthropologie studieren, aber ob es dabei bleiben wird, weiß ich noch nicht.

Vermissen werde ich
Die Gelassenheit in Simbabwe. Das Laute und Einfache. Ja, ganz besonders das Einfache.

Liebe ist mir begegnet in
Zum Beispiel der Gastfamilie, in der ich eine Zeit lang war, mitten im Busch. Da wurde ich sofort aufgenommen wie eine Tochter. Erst später habe ich erfahren, dass die Großeltern in der Familie schreckliche Erlebnisse mit Weißen hatten, trotzdem sind sie mir vorurteilslos begegnet. Da habe ich gespürt, dass das sehr viel mit Liebe zu tun hat, mit Nächstenliebe, mit Liebe zum Menschen. Sie haben nicht meine Hautfarbe gesehen, sondern einfach nur mich. Auch in unserem Frauenzentrum habe ich Frauen kennengelernt, die so viel ertragen mussten, die so oft in die Knie gezwungen wurden, und immer wieder allein aufstehen mussten. Irgendetwas geht dann normalerweise kaputt. Aber nicht bei der Leiterin des Zentrums. Sie hat sich nicht niederringen lassen und immer alle Leute bei sich aufgenommen. Ich habe sie gefragt, wie sie das aushält. Und da hat sie gesagt: »Mit ganz viel Liebe.« Und dass Liebe ein Geschenk sei, die käme nicht von ihr, sondern von Gott.

Verändert hat sich an mir
Nicht so viel, glaube ich, obwohl ich das gern gehabt hätte. Ich habe mich selbst besser kennengelernt, Verhaltensweisen, die ich von mir noch gar nicht kannte, positive wie negative. Ich bin zum Beispiel eigentlich ein diplomatischer Mensch. Aber in Simbabwe war ich auch oft frustriert über das Verhalten anderer und hab dann auch mal auf den Tisch gehauen und gesagt, dass das so nicht geht (lacht). So diskutiere ich sonst nicht.

Gelernt habe ich
Dass es wichtig ist, zu verzeihen. Ich weiß nicht, ob ich das jetzt besser kann, aber die Bedeutung ist mir bewusster geworden. Die Chefin des Frauenzentrums in Makumbi hat mir das vorgelebt. Sie hatte einen Mitarbeiter, der sie hintergangen hat, aber sie hat ihm immer wieder verziehen und ihm eine neue Chance gegeben. Mittlerweile ist er ihr bester Mitarbeiter.

Überrascht hat mich
Das ganze Jahr. Es ist viel intensiver, abenteuerlicher, spannender, trauriger, lustiger geworden, als ich erwartet habe. Und die sehr unspektakuläre Rückkehr. Ich bin halt wieder

da, für meine Leute hat sich wenig verändert. Das hat mich überrascht und enttäuscht, aber das ist einfach so.

Bestürzt hat mich

Viele Schicksale in Simbabwe. Mein bester Freund dort hat jetzt die Schule abgeschlossen, hat aber keine Aussicht auf irgendetwas. Alle Türen sind verschlossen. Ich habe auch ein Mädchen kennengelernt, das wurde entführt, vergewaltigt, hat keine Eltern mehr. Ich habe mich sehr um das Kind bemüht, irgendwann ist es verschwunden. Keiner weiß, wie es ihm geht. Das ist schlimm. Oder die extrem harte Arbeit, die viele Frauen leisten müssen. Wenn sie mal krank sind, gibt es am Abend nichts zu essen. Ich könnte es nur schwer aushalten zu wissen, dass ich mir keinen Tag Ruhe leisten kann.

Familie bedeutet mir

Alles. Sie hat bis jetzt mein Leben ausgemacht.

Gutes tun bedeutet

Seinen Egoismus zurückzustecken und einfach zu handeln.

Armut ist

Wenn man nicht glücklich sein kann.

Luxus ist

Seine Träume verwirklichen zu können.

Glauben bedeutet

Dass es einen Sinn gibt hinter allem.

Freiheit bedeutet

Weggehen zu können und jederzeit nach Hause zurückkommen zu können.

Heimweh ist

Eins der schmerzhaftesten Gefühle, die ich kenne.

Glück ist

Eine Kunst.

Ein besonders schöner Moment in meinem Leben war bisher

Zugleich einer der schmerzlichsten, nämlich der Abschied. Ein ganzer Bus voller Leute hat uns zum Flughafen gebracht. Ich hatte versprochen, nicht zu weinen, aber als mir klar wurde, dass ich diese Menschen vielleicht nie wiedersehen werde, hab ich die Kontrolle verloren. Das Gefühl war so schön und schmerzhaft zugleich, einer der bewegendsten Momente in meinem Leben.

An der Ankunft war schön

Mein Opa stand mit einem Teller Tiroler Speck vor dem Haus, weil er sich gedacht hatte, dass ich den doch jetzt ein Jahr lang nicht gegessen habe (lacht).

An der Ankunft war schwer

Dass sie nichts Besonderes war.

Das gebe ich den anderen Freiwilligen mit auf den weiteren Weg

Dass sie nie aufhören sollten, Dinge zu hinterfragen und nachzubohren. Aber sie sollten sich über die wichtigen Dinge Gedanken machen, die ihnen wirklich Erkenntnis bringen.

Das gebe ich mir selbst mit auf den Weg

Ich glaube, es ist meine Pflicht, Gutes zu tun, aber auch, das Leben nicht zu ernst zu nehmen. Ich sollte nicht vergessen, dass auch ich das Recht habe, glücklich zu sein.

Peter Fendel

Jahrgang 1985
Diplom Theologe
Münster

Einsatzland Rumänien
Mitarbeit auf einer Palliativstation, in einer
Suppenküche für Obdachlose und im Nacht-
asyl für obdachlose Menschen in Temeswar

Das kann ich besonders gut

Ich kann mich gut auf andere Menschen und neue Situationen einstellen, ich bin da sehr flexibel. Ich kann Menschen
annehmen, wie sie sind, und das macht mir Freude. Außerdem bin ich mit Herz und Seele Theologe. Ich habe sehr
gerne studiert, denke viel nach und kann mich auf mein
kognitives Instrumentarium verlassen. Ich erschließe mir
gerne theologische Texte und habe Spaß daran, diese Texte
auf mein Leben zu beziehen. Das fordert mich heraus, daran
kann ich wachsen.
Ich spiele Gitarre, begleite auch den Gottesdienst, habe eine
spirituelle Ader. Mein geistiges Leben beschäftigt mich jetzt
seit mehr als zehn Jahren, ich versuche auch in meinem
Leben Bedingungen zu schaffen, um da weiterzukommen.
Ich bemühe mich zum Beispiel darum, regelmäßig Auszei-
ten zu nehmen, um mich auch spirituell weiterzuentwickeln.

Diese Eigenschaft an mir ist besonders wichtig

Ich bin recht besonnen und bin in dieser ruhigen und etwas
zurückhaltenden Art hoffentlich ein angenehmes Gegenüber.

Meine größte Schwäche ist

Perfektionismus. Und auf jeden Fall, dass ich sehr an meinen Vorstellungen hänge. Ich setze mir oft Dinge in den Kopf
und arbeite daran, dass es auch so wird, da kann ich dann
nicht von ablassen.

Das macht mich glücklich

Wenn ich gelingende Begegnungen mit anderen Menschen
erleben darf. Gemeinschaft ist für mich ein großes Geschenk.
Angenommen zu sein, wie ich bin, andere anzunehmen, so
wie sie sind – zu lieben und geliebt zu werden. Das klingt
vielleicht pathetisch oder theologisch aufgeladen, aber das
macht mich glücklich. Und kleine Dinge: gute Pizza, gutes Gespräch, ein Sonnenaufgang, Zeit für mich, gute Musik.

Das macht mich traurig

Wenn Menschen in sich selbst gefangen sind oder mit Problemen zu kämpfen haben, wenn ich dann meine eigene
Ohnmacht erlebe, wenn ich etwas anbiete und es wird nicht
angenommen oder funktioniert nicht. Wenn ich sehe, dass
Menschen unter schlechten Bedingungen leben müssen und
sich nicht entfalten können. Wenn Menschen billig abge-
speist werden oder sich in Oberflächlichkeit verlieren, weil
sie keine andere Perspektive haben. Wenn ich erlebe, wie sich
Menschen abgrenzen, andere dadurch ausgrenzen, das alles
macht mich traurig.

Das macht mich zufrieden

Wenn ich spüre, dass es gut läuft in der Gemeinschaft, in der
ich gerade lebe. Gute Gespräche. Wenn ich merke, ich kann
mich entfalten, kann produktiv sein. Zufriedenheit hat sicher
auch mit Leistung zu tun. Ich werde gerne gebraucht, spüre
gerne Anerkennung. Manchmal spüre ich auch Zufriedenheit von innen her. Ich wünschte mir, dass das öfter so wäre.
Da spüre ich dann, dass es nicht darauf ankommt, was ich
leiste, das ist eine Zufriedenheit, einfach da zu sein. Ich versuche, mit wenig zufrieden zu sein, weil ich dann öfter zufrieden bin. Deswegen ist meine Strategie, die Erwartungen
herunterzuschrauben. Damit fahre ich ganz gut, ich bin ein
ziemlich zufriedener Mensch.

Vom nächsten Jahr erhoffe ich

Dass es ein frohes, lehrreiches Jahr wird, in dem ich ein Zeichen für eine gerechtere Welt setzen kann. Bei meiner Arbeit im Hospiz möchte ich entdecken, was in der Arbeit mit
sterbenden Menschen steckt – wie viel Leben darin ist. Ich
hoffe, dass wir in unserer Gemeinschaft gut zusammenleben,
dass wir mit- und aneinander wachsen können. Außerdem
möchte ich ausprobieren, mit sehr wenig auszukommen und
nachhaltig zu leben. Wir wollen uns bewusst ernähren, regio-
nale und saisonale Produkte kaufen, in Solidarität auch mit
der Schöpfung leben. Dann hoffe ich, dass ich den Menschen
vor Ort so begegnen kann, dass es für sie gut wird. Das soll
nicht nur für mich ein ertragreiches Jahr werden. Es ist für
meine Freundin Elli und mich auch eine bewusste Entscheidung gewesen, dass wir das Freiwilligenjahr als Paar machen
werden. Das hat mit unserem Konzept von Beziehung zu tun.
Wir wollen nicht nur auf der Couch sitzen und einander an-
gucken, sondern auch nach außen etwas bewirken. Das ist

ein Lernfeld, wir hoffen jedenfalls, dass wir zu zweit in der Gruppe eine Bereicherung sein können.

Vom nächsten Jahr befürchte ich

Große Befürchtungen habe ich nicht. Ein bisschen Bammel habe ich schon vor der Arbeit im Hospiz, weil ich damit keine Erfahrung habe und nicht weiß, wie das wird, tagtäglich mit Krankheit und Sterben konfrontiert zu sein. Ich frage mich, inwiefern ich vor Ort Hilfe bekomme, wer fängt mich auf? Ich vermute aber, dass es da auch ganz viele freudige Momente geben wird.

Das lasse ich gern zurück

Den deutschen Perfektionismus, die Angst, Fehler zu machen. Ich werde in Rumänien ein Lernender sein und das wird man mir auch zugestehen. Alltagsstress, Freizeitstress, das ganze Zuviel an Verpflichtungen und Erwartungen, die an einen gestellt werden, lasse ich gern zurück. Auch die Zukunftssorgen, obwohl ich in Rumänien entscheiden muss, wie es weitergehen wird, aber ich möchte dort erst mal im Hier und Jetzt leben und aufsaugen, was ich erlebe. Die Entscheidungen kommen dann noch früh genug.

Glauben bedeutet

Sich auf den Weg zu machen im Vertrauen auf Gott.

Ein besonders schöner Moment in meinem Leben bisher war

Da gab es sehr viele. Etwa als ich von den Straßenexerzitien bei dem Jesuiten Christian Herwartz in Berlin abgefahren bin und zu einem wahnsinnigen Gefühl der inneren Freiheit gekommen bin. Plötzlich erschien alles möglich, das war toll.

Ein besonders schwieriger Moment in meinem Leben bisher war

Meine beiden Omas sind gestorben, als ich im Ausland war. Das waren bittere Erfahrungen, ich war jedes Mal auf einem anderen Kontinent. Beim ersten Mal bin ich nicht nachhause gekommen, was mir immer noch nachgeht, beim zweiten Mal schon, das war eine gute Entscheidung.

Das gebe ich den anderen Freiwilligen mit auf ihren Weg

Dass das Jahr für sie selbst zum Geschenk wird und für die Menschen, denen sie begegnen.

Das gebe ich mir selbst mit auf den Weg

Gut, dass ich das mache.

Peter Fendel

Nach der Rückkehr

Das kann ich besonders gut

Mit Menschen zusammen sein, sie verstehen und sie gern-haben.

Das hat mir das vergangene Jahr gebracht

Jede Menge Freundschaften, Beziehungen zum Land Rumä-nien, zu den Leuten dort, und bei der Arbeit im Hospiz Erfah-rungen im Umgang mit Krankheit und Sterben. Den Men-schen habe ich dort als sehr schwach, als reines Bündel von Fleisch und Knochen wahrgenommen, was natürlich nicht alles ist, aber so stellt es sich zum Ende hin oft dar. Über das Leben habe ich vor allem gelernt, dass es kurz ist. Das hätte ich mir vorher schon denken können, aber es war dann tat-sächlich die Einsicht, die mir um die Ohren gedonnert wurde, fast täglich, und es war gar nicht so leicht, damit umzu-gehen. Natürlich ergibt sich daraus so ein Imperativ: Lebe dein Leben! Aber das kann auch schnell zu einer Überforde-rung führen. Man kann nicht jeden Tag und jeden Moment auskosten und glücklich leben, sondern es geht auch mal darum, Kompromisse zu machen und das Leben so stehen zu lassen, wie es ist.

Diese Angst musste ich überwinden

Ich habe mir Gedanken gemacht, wie ich den Menschen im Hospiz und ihrem Schicksal begegnen würde und wie ich das selbst wegstecken würde. Ein bisschen heikel war immer der erste Gang zu einem neu eingelieferten Patienten. Da wusste ich nie genau, was jetzt wieder auf mich zukommen wird.

Vom nächsten Jahr erhoffe ich mir

Dass es gut weitergeht. Dass ich nicht vergesse, was im ver-gangenen Jahr alles passiert ist, und dass ich daran anknüp-fen kann. Damit das, was war, nicht eine Inselerfahrung bleibt, sondern sich in einen längerfristigen Prozess einfügt. Ich hoffe, dass ich das in meiner Arbeit und in meinem sons-tigen Wirken fortsetzen und vertiefen kann. Ich werde jetzt als pastoraler Mitarbeiter in einer Gemeinde in Münster an-fangen und möchte in Theologie promovieren.

Das habe ich mitgebracht

Einen Flickenteppich von einer Patientin aus dem Hospiz. Den hatte sie mir schon länger versprochen, dann ist sie gestorben. Ich war bei ihrer Beerdigung, da kam eine An-gehörige und drückte mir diesen Teppich in die Hand. Ich hatte gar nicht mehr daran gedacht, aber er ist natürlich eine schöne Erinnerung. Und ansonsten viele Freundschaf-ten, viele Gedanken über Rumänien und Europa, über die Welt. Ich habe jetzt ein Jahr am Rande Europas gelebt und mir Deutschland aus dieser Perspektive angeguckt. Da fragt man sich schon, ob unser System zukunftsträchtig und men-schenfreundlich ist. Dass wir in Deutschland leben wie im Schlaraffenland und als Minderheit diese Privilegien genie-ßen, erscheint mir zunehmend absurd – nicht verdient, nicht angemessen, nicht gerecht. Es gibt eigentlich wenige Gründe, die für so eine Weltordnung sprechen. Um das festzustellen, muss ich nicht nach Afrika gehen, da müsste ich eigentlich noch nicht mal nach Rumänien gehen. Aber lehrreich war das auf jeden Fall.

Vermissen werde ich

Die Menschen, die Lebensart, unsere Entschiedenheit für ein einfaches Leben etwa mit Blick auf Konsum und Mobilität, da waren meine Freundin Elli und ich doch ziemlich nah an dem, wie wir uns unser Leben vorstellen. Dass wir dort relativ stabil an einem Ort gelebt haben zum Beispiel, war sehr angenehm. Wir haben auch in der WG versucht, nur das zu kaufen, was wir brauchen. Das hat auch gut geklappt. Unsere Prioritäten waren klar, wir wussten, wofür wir dort leben, arbeiten und einstehen wollen. Dieses bewusste Da-sein und Offensein für andere war gut und erfüllend. Wir haben uns auch eine Gebetsecke eingerichtet und haben da gelegentlich Andachten gehalten oder Abendgebete gemacht, aber zu einer alltäglichen Praxis ist das nicht geworden. Lei-der, wir sind auch nicht dahinter gekommen, woran das lag.

Liebe ist mir begegnet in

Liebe ist mir vor allem im Hospiz begegnet, wenn sich die Angehörigen sehr liebevoll um ihre kranken Familienmit-glieder gekümmert haben. Das war teilweise sehr rührend.

Verändert hat sich an mir

Ich bin ernster und geerdeter geworden. Wenn ich vor dem Einsatz von Nächstenliebe geredet habe, schwebte das noch ein wenig im luftleeren Raum, jetzt hat das eine konkrete Er-dung erfahren. Dabei bin ich auch sehr mit meinen Grenzen in Kontakt gekommen. Manchmal drohte ich, leerzulaufen. Mir das einzugestehen, war eine wichtige Erfahrung.

Bestürzt hat mich
Bestürzt hat mich manchmal das Deutschlandbild vieler Rumänen, die alles nur positiv sehen, aufschauen und dadurch ihr eigenes Licht unter den Scheffel stellen. Das ist manchmal wirklich bedrückend zu sehen.

Der Abschied fiel mir schwer von
Rumänien, dem Umfeld, das wir uns aufgebaut hatten, von einzelnen Menschen, mit denen ein wirklich vertrauensvolles Verhältnis entstanden ist und die ich jetzt dort zurückgelassen habe. Den Kontakt werde ich schon irgendwie halten können, aber wir haben auch Menschen im Frauenhaus oder im Nachtasyl oder in der Suppenküche zurückgelassen. Wir gehen also wieder unserer Wege und die Menschen, deren Perspektive wir versucht haben uns zu eigen zu machen oder zu verstehen, die bleiben in Rumänien und kommen aus ihrer Lebenssituation nicht so einfach raus.

An der Ankunft war schön
Es war schön, dass sich so viele Leute gefreut haben, dass ich wieder da bin.

Gutes tun bedeutet
Das ist für jeden unterschiedlich. Gutes tun ist für mich, jemandem gut zu tun.

Glauben bedeutet mir
Im Vertrauen aufs Leben zu blicken.

Freiheit bedeutet
Einer inneren Stimme zu folgen und nicht irgendwelchen Konventionen, Erwartungen oder Vorgaben. Und das in Einklang zu bringen – mein Leben und das, was ich leben will.

Das gebe ich den anderen Freiwilligen mit auf den weiteren Weg
Habt Vertrauen und Mut!

Das gebe ich mir selbst mit auf den Weg
Hab Vertrauen und Mut!

Elisabeth Langner

Jahrgang 1986
Diplom Psychologin
Münster

Einsatzland Rumänien
Mitarbeit im Frauenhaus der Caritas und
Mitwirkung in einer Suppenküche und im
Nachtasyl für obdachlose Menschen in
Temeswar

Diese Eigenschaft an mir ist besonders wichtig
Offenheit, Neugier auf andere Menschen, Unvoreingenommenheit.

Meine größte Schwäche ist
Ich kann mich manchmal schwer aus Aufgaben zurückziehen und etwas für mich tun und merke manchmal nicht, wo meine Grenzen sind.

Das macht mich glücklich
Schokolade, Natur, draußen sein, Bewegung.

Das macht mich traurig
Manchmal diese Welt.

Das macht mich wütend
Die Gleichgültigkeit vieler Menschen gegenüber anderen, die weniger Geld haben, die benachteiligt sind. Ich habe manchmal das Gefühl, dass viele gar nicht sehen, dass es da parallel eine Welt gibt, in der Menschen sich nicht alles leisten können. Ich ärgere mich über die Partygesellschaft, über Menschen, die keine anderen Themen haben als: Ich hab gefeiert, ich war voll, ich hab jemanden abgeschleppt. Das ist für mich eine ganz andere Welt, die mich ärgert, die ich aber auch traurig finde. Es ist doch schlimm, wie viele Ablenkungsmechanismen es gibt, damit die Leute gar nicht erst wahrnehmen, wie ungerecht diese Welt ist. Politik und Medien machen den Menschen das Einschlafen zu leicht.

Vom nächsten Jahr erhoffe ich
Ich habe durch mein Studium ein bisschen mein Bauchgefühl verloren. Ich hatte vorher so eine Leichtigkeit im Umgang mit Menschen, auch wenn die in sehr problematischen Zusammenhängen lebten. Ich bin da ohne zu viel Kopf rangegangen, eher mit Gefühl. Ich hoffe nun, diese Sensibilität wiederzufinden, diese Leichtigkeit und Freude im Zusammensein mit Menschen, nicht so eine professionelle Haltung, die mir im Psychologiestudium beigebracht wurde. Ich freue mich auch auf die neue Kultur. Ich möchte etwas über Roma erfahren, weil ich da ein paar Vorurteile habe und die abbauen möchte.

Vom nächsten Jahr befürchte ich
Eigentlich nichts. Ich hatte auch noch gar keine Zeit zur Vorbereitung. Ich war schon zwei Jahre in meinem Leben allein im Ausland, in einem Sozialprojekt in Brüssel und zu einem Erasmusjahr während des Studiums in Toulouse, da gewöhnt man sich vielleicht eine gewisse Coolness an. Außerdem gehe ich zusammen mit meinem Freund Peter, das macht es schon leichter. Ich werde auf die Schnauze fallen mit der Sprache, weil ich noch gar keine Zeit zum Lernen hatte, aber ich hoffe auf nette Menschen, die langsam mit mir reden. Ich weiß aber schon, wie das Gefühl ist, wenn man aus einem Zug steigt und dann allein dasteht. Das ist beängstigend, aber zugleich auch die totale Freiheit, die Vorstellung, mich kennt hier keiner, aber ich erobere mir jetzt die Stadt. Ich mag das. Ich bin total gern im Ausland, weil ich da am meisten ich bin. Eine Freundin hat mir mal einen sehr schönen Satz gesagt. Die ist nach Rom gegangen und hat zum Abschied gesagt: Ich werde wiederkommen, denn ich habe mich gemocht als ich bei Euch war. So ging es mir jedes Mal auch im Ausland.

Das nehme ich unbedingt mit
Peter.

Das lasse ich gern zurück
Meine letzte Lebensphase, mein Studentsein.

Weihnachten erwarte ich
Überraschungen, das wird mein erstes Weihnachten, an dem ich nicht zuhause bin. Ich würde gerne Plätzchen backen und rausgehen und mit Obdachlosen Weihnachten feiern. Ich wollte das schon immer mal machen, früher gern mit meinem Bruder, aber unsere Eltern wollten zuhause feiern.

Für meinen Geburtstag wünsche ich mir
Ein paar nette Postkarten, aber es ist nicht so schlimm, dass ich da nicht da bin.

Verändern wird sich an mir bestimmt

Eine Menge, es verändert sich ja mit jeder Begegnung etwas an einem. Ich werde wahrscheinlich noch mehr Ungerechtigkeit in dieser Welt kennenlernen, die mich frustriert, aber mir vielleicht auch zeigen wird, was ich machen will, und in welche Richtung ich nach dem Jahr gehen will. Vielleicht macht mich diese Ungerechtigkeit auch stark, etwas ganz anderes zu machen, als mein Studium vorgibt. Ich hoffe auf Veränderung, ich bin nicht so abgebrüht, keine Veränderungen zu erwarten.

Lernen möchte ich

Eine neue Lockerheit und Einfachheit im Umgang mit Menschen. Und ich möchte mir ein Projekt suchen, um mit Roma zu arbeiten und meine Vorurteile abzubauen.

Der Abschied fällt mir schwer von

Familie, sonst eigentlich von nichts.

Gutes tun bedeutet

Ich tue einer Person gut, indem ich ihr begegne auf eine ganz ehrliche, simple Weise.

Armut ist

Ein Zustand in dieser Gesellschaft, der absolut nicht vertretbar ist und zeigt, wie krank diese Gesellschaft ist. Hier werden Menschen an den Rand gedrängt und ihnen dafür sogar noch die Schuld in die Schuhe geschoben.

Luxus ist

Die andere Seite der Armut. Der Grund, warum Menschen arm sind, weil sich auf der anderen Seite Menschen bereichern und nichts davon abgeben.

Glauben bedeutet

Rückhalt, eine Kraft, eine Provokation zu handeln.

Heimat ist

Familie.

Heimweh ist

Möglich, aber grad unvorstellbar.

Glück ist

Begegnung. Das kann sich anfühlen wie ein Schmetterling im Bauch. Was da passiert, bei guten Begegnungen, das ist für mich Gott.

Ein besonders schöner Moment in meinem Leben bisher war

Als ich bei einer Aktion in Brüssel mit einer Frau zusammen auf der Straße saß, die stark von Armut gezeichnet war, ich eine Bemerkung von ihr nicht richtig verstanden habe und wir so lachen mussten, wir haben uns richtig weggeschmissen vor Lachen. Da waren wir auf einer Ebene, da war ich nicht mehr reicher als sie, das war ein schöner Moment.

Ein besonders schwieriger Moment in meinem Leben bisher war

Mein Studium, immer wieder die Auseinandersetzung, ob Psychologie überhaupt das Richtige für mich ist.

Das gebe ich den anderen Freiwilligen mit auf ihren Weg

Der kürzeste Weg zwischen zwei Menschen ist ein Lächeln, manchmal ist es auch so einfach.

Das gebe ich mir selbst mit auf den Weg

Fühl dich nicht mehr aus irgendeiner Verantwortung heraus verpflichtet, Sachen zu tun, die du eigentlich nicht willst! Auch in der WG möchte ich eine gute Balance finden zwischen Verantwortung für die Gemeinschaft und der Freiheit, eigene Dinge zu unternehmen.

Elisabeth Langner

Nach der Rückkehr

Das kann ich besonders gut

Auf Menschen zugehen, bei denen andere eher Distanz halten. Ich habe da so eine Neugierde, ein ehrliches Interesse und keine Kontaktängste.

Das macht mich wütend

Viel: Ungerechtigkeit. Wenn Menschen schlecht entlohnt werden. Wenn Leute keine Verantwortung zeigen, vor allem gegenüber Schwächeren, dann rege ich mich auf. Das ist auch ein Motor, diese Wut auf die Zustände.

Das hat mir das vergangene Jahr gebracht

Es sind intensive Freundschaften entstanden. Durch die Außenperspektive habe ich einen anderen Blick auf Europa und Deutschland bekommen. Das hat Einfluss auf meinen Lebensstil. Ich kann jetzt nicht einfach zum deutschen Standard zurückkehren, sondern werde immer hinterfragen, ob ich jetzt wirklich so viel Wohnraum brauche oder den teuren Käse kaufen muss. In mir ist die Solidarität gegenüber benachteiligten Ländern gewachsen. So eine Gerechtigkeitssensibilität wird getriggert, wenn man Ungerechtigkeit miterlebt. Das wird mich sicher auch in meiner Zukunft begleiten.

Vom nächsten Jahr erhoffe ich mir

Mein Traum wäre ein Berufsangebot in Rumänien, damit ich dort arbeiten kann. Aber ich möchte natürlich auch keinem rumänischen Psychologen die Stelle wegnehmen. Mein Plan ist, dass ich jetzt erst mal in Deutschland eine Ausbildung in Therapie und Beratung mache. Ich hätte auch Lust, mit Roma-Familien oder Rumänen in Deutschland zu arbeiten, dann könnte ich auch die Sprache weiter nutzen. Und vielleicht gehen wir dann nochmal längere Zeit ins Ausland. Ein Jahr ist eigentlich zu kurz, man hat gerade die Strukturen begriffen und könnte sich wirklich einbringen, da geht man schon wieder. Vielleicht idealisiere ich gerade meine Zeit im Ausland, aber in Deutschland ist mir alles zu gesetzt, organisiert und strukturiert, das schreckt mich eher ab.

Das habe ich zurückgelassen

Den Balkon, den ich selbst bepflanzt habe. Ich habe nämlich in dem Jahr entdeckt, dass ich gerne gärtnere und der Balkon war am Ende so grün, dass ich ihn gern mitgenommen hätte.

Vermissen werde ich

Die Menschen und das Land, diese wahnsinnig schönen Landschaften und die Einfachheit der Leute. In Rumänien ist nicht alles so verplant, strukturiert, geregelt. Es gibt noch so eine Ursprünglichkeit. Viele Menschen haben einen Nutzgarten, ein paar Tiere und können sich autark ernähren. Das System finde ich viel gesünder als unseres mit den Großmärkten. Wir können ja auch nichts mehr selbst reparieren. Das ist in Rumänien anders.

Liebe ist mir begegnet in

Meinem Freund Peter, der mit nach Rumänien gegangen ist. Liebe gibt Kraft. Auch in einer Frau im Frauenhaus bin ich Liebe begegnet. Die hat zwanzig Jahre lang schlimme Gewalt zu Hause erfahren, aber dann hat sie sich da herausgewagt. Als sie ins Frauenhaus kam, hatte sie noch gebrochene Arme und Beine und hat lange mit den Folgen gekämpft. Aber sie war total stark. Die Kinder hatten viel mehr Kontakt zu ihr als zu den eigenen Müttern, weil sie so viel Liebe in sich hatte. Auf sich selbst hat sie nicht genug geachtet, aber anderen hat sie wohlgetan, obwohl sie vom Leben so schlecht behandelt wurde.

Verändert hat sich an mir

Ich habe eine rote Haarsträhne, die hat mir eine Freundin mit Henna gefärbt. Verändert hat sich auch meine Vorstellung von einem angemessenen Lebensstandard. Ich will da radikal bleiben und kein großes Haus haben und kein dickes Auto, sondern in Solidarität mit den Menschen, die so etwas nie haben werden, möchte ich nur mit dem leben, was ich wirklich brauche.

Überrascht hat mich

Die Pferdekutschen auf der Straße.

Familie bedeutet mir

Vor allem Geborgenheit und Sicherheit. Ich hatte unglaublich viel Glück, weil ich in einer wirklich gesunden Familie großwerden durfte, aber das bedeutet für mich auch Verantwortung kaputten Familien gegenüber.

Glauben bedeutet mir

Kraftquelle und auch immer Auseinandersetzung mit Gott, und darin auch Auseinandersetzung mit der Welt. In Rumänien hat ein Mönch zu uns gesagt, es gebe einen Unterschied, ob ich groß und stark bin, indem ich andere Menschen runterdrücke oder ob Gott mich hochhebt – dann sind die Menschen rechts und links von mir davon nämlich nicht betroffen. Ich kann trotzdem groß sein, aber durch Gott. Das ist Glaube für mich: Arbeiten im Vertrauen darauf, dass Gott arbeitet.

Einsamkeit ist

Ich war gerade drei Tage in Stille in Taizé, da war Stille für mich Einsamkeit. Das tut mir manchmal gut. Aber eigentlich habe ich Respekt vor Einsamkeit, ich bin lieber mit Leuten zusammen.

Glück ist

Glück ist, wenn man einen eigenen Weg für sein Leben findet und nicht den, den einem die Gesellschaft aufzwingt. Dafür braucht man Kraft. Ich glaube, man hat Glück, wenn man das geschafft hat.

Ein besonders schöner Moment in meinem Leben war bisher

Wir haben eine Wanderung in den Karpaten gemacht. Ich hatte mir den Fuß verletzt und war total kaputt. Da kamen wir an eine Schutzhütte, dahinter gab es einen Felsvorsprung, da haben wir uns draufgelegt, einfach nur in die Berge geschaut und den ganzen Weg gesehen, den wir gekommen waren. Das war ein sehr schöner Moment.

Ein besonders schwieriger Moment in meinem Leben war bisher

Im Team des Frauenhauses meinen Platz zu finden, war schwierig. Und ich finde auch immer Momente in meinem Leben schwer, in denen ich schauen muss, wie es mit mir weitergeht, weil ich dem Alten dann hinterhertrauere und das Neue gar nicht anpacken will.

Das gebe ich den anderen Freiwilligen mit auf den weiteren Weg

Dass sie die Erfahrungen des vergangenen Jahres immer behalten sollen, die gehen im Alltag so schnell verschütt. Und dass sie Konsequenzen daraus ziehen, sich engagieren, selbst wenn es etwas Kleines ist. Wir haben ja ein Jahr lang an einer besseren Welt mitgefeilt, das sollte man auch dort tun, wo man herkommt. Man muss ja nicht nach Rumänien fahren, um so einen Beitrag zu leisten.

Das gebe ich mir selbst mit auf den Weg

Dasselbe! Und Mut, vielleicht noch mal für längere Zeit ins Ausland zu gehen. Und dem eigenen Weg zu folgen, auch wenn er sich von dem unterscheidet, was die Gesellschaft für gut befindet.

Juliane Heßel

Jahrgang 1994
Abiturientin
Oberursel

Einsatzland Indien
Assistenzlehrerin in einem Internat für Tribals
(ausgegrenzte Volksstämme) in Sahibganj

Das kann ich besonders gut
Gitarre spielen.

Diese Eigenschaft an mir ist besonders wichtig
Geduld.

Meine größte Schwäche ist
Zurückhaltung.

Mein Held / Heldin ist
Meine Familie.

Das macht mich glücklich
Mit Freunden treffen, mit der Familie zusammen sein, Musik machen, Musik hören, meiner Schildkröte beim Essen zugucken.

Das macht mich traurig
Wenn es anderen Leuten schlecht geht.

Das macht mich zufrieden
Wenn alles gut läuft und es den Leuten um mich herum auch gut geht.

Das macht mich wütend
Rassismus, wenn man andere Leute beleidigt, ohne sie zu kennen. Antisemitismus, Schwulenfeindlichkeit, das macht mich innerlich aggressiv.

Vom nächsten Jahr erhoffe ich
Viele neue Erfahrungen und dadurch einen neuen Blickwinkel. Man kann über ein Land wie Indien natürlich Bücher lesen und Filme schauen, aber dort in der anderen Kultur zu leben, gibt einem doch nochmal eine andere Perspektive. Und davon würde ich dann gern auch berichten, wenn ich wieder zurück bin.

Vom nächsten Jahr befürchte ich
Freunde zu verlieren. Ich habe Angst, dass ich in Indien eine zweite Heimat bekomme und dann ständig dieses Fernweh bleibt, egal in welchem Land ich bin.

Das nehme ich unbedingt mit
Meine Gitarre, wenn das geht. Wenn nicht, kaufe ich mir vielleicht dort eine. Viel Motivation, Offenheit, damit ich wirklich aufnehmen kann, was mir dort passiert. Moskito-Spray ist wahrscheinlich auch ganz nützlich.

Das lasse ich gern zurück
Meine Familie, obwohl ich die am meisten vermissen werde. Aber ich denke, es ist gut, wenn ich ein bisschen selbstständiger werde. Ich glaube auch, dass es gut ist, einfach mal weg zu sein, um zu realisieren, was man hat und was einem wirklich wichtig ist.

Vermissen werde ich
Meine Familie, meine Freunde, meine Schildkröte, mein Bett, vermutlich auch so etwas wie Vollkornbrot.

Weihnachten erwarte ich
Dass es ein bisschen chaotischer wird als in Deutschland, ohne Schnee, aber auf eigene Art schön.

Für meinen Geburtstag wünsche ich mir
Eine Überraschung, das kann ich noch gar nicht einschätzen, da bin ich mal gespannt.

Verändern wird sich an mir bestimmt
Einstellungen und Werte, denke ich. Ich werde ja neue Dinge erleben, etwa, wie es ist, in einer anderen Kultur zu leben, keinen Strom zu haben, nicht täglich ins Internet gehen und mit Freunden kommunizieren zu können. Da bekommt man sicher eine andere Haltung zu diesen Dingen.

Lernen möchte ich
Hindi! Das wäre schön, wenn ich am Ende des Jahres ein bisschen mehr könnte als *Namaste*. Dann möchte ich indische Traditionen kennenlernen, den anderen sozialen Umgang und ich würde gerne wissen, was Inder über uns denken.

Familie bedeutet mir

Sehr viel. Weil man durch Familie viel lernt. Ich habe vier ältere Geschwister, die sind auch alle Vorbilder für mich. Und dann ist meine Familie für mich Stütze, auch wenn ich weg bin.

Gutes tun bedeutet

Menschen zum Lächeln zu bringen.

Armut ist

Wenn einem die Menschenwürde genommen wird. Es geht nicht nur um Materielles, für mich ist auch jemand arm, der die Armut nicht sieht.

Luxus ist

Dass man Familie und Freunde hat, das sind die Dinge, die bleiben. Materieller Luxus hält nicht ewig.

Glauben bedeutet mir

Eine Stütze, weil man weiß, da ist vielleicht noch irgendetwas über mir, ein Halt, wenn es einem nicht so gut geht.

Freiheit bedeutet

Dass einem alle Möglichkeiten offenstehen und man tun kann, was man möchte im Leben.

Politik ist

Wichtig. Ich denke es ist wichtig, dass man Bescheid weiß, etwa wie Demokratie funktioniert und wie man selbst daran teilhaben kann. Auch, damit man sich seine Rechte nicht wegnehmen lässt. Politik ist ein Prozess, der nie abgeschlossen ist.

Heimat ist

Heimat findet sich. Natürlich sind meine Familie und Freunde im Moment meine Heimat, aber man kann sie auch woanders finden. Sobald man sich irgendwo ein bisschen wohlfühlt. Man muss Heimat immer ein bisschen suchen.

Heimweh ist

Die Sehnsucht nach etwas Bekanntem, nach Freunden, Familie und nach diesem Heimeligen, das man kennt und das einem das Gefühl gibt, man sei an einem Ort ungestört.

Sprache ist

Ein wichtiges Kommunikationsmittel. Sprache ist ein Schlüssel. Die neue Sprache zu lernen, wird eine der Herausforderungen in Indien, weil man damit erst anfängt, sich wirklich mit Menschen zu beschäftigen. Ohne Sprache ist das schwierig.

Glück ist

Zu lachen, froh zu sein.

Ein besonders schöner Moment in meinem Leben bisher war

Mein Yoga-Lehrer hat mal gesagt, die einfachste Art des Yoga ist ein Lächeln. Damit verändert man sich und seine Umwelt. Wenn ich jemanden anlächele und es kommt ein Lächeln zurück, das freut mich, das sind für mich schöne Momente.

Ein besonders schwieriger Moment in meinem Leben bisher war

Abschiedsmomente. Ich hab schön öfter an Austauschprogrammen teilgenommen, daher kenne ich das. Zuerst ist man aufgeregt und denkt im neuen Land: Was mache ich hier überhaupt? Und am Ende merkt man, was man für eine schöne Zeit hatte und dann ist sie schon vorbei und es kommt der Abschied. Natürlich weiß man, dass mit jedem Abschied auch wieder etwas Neues beginnt, dass man andere Menschen kennenlernen wird. Aber die Momente dazwischen, dieser Übergang zwischen Alt und Neu, finde ich sehr schwierig.

Das gebe ich den anderen Freiwilligen mit auf ihren Weg

Ich wünsche allen eine richtig gute Zeit und die Ausdauer, das Jahr zu packen. Ich wünsche ihnen einfach viel Spaß.

Das gebe ich mir selbst mit auf den Weg

Dinge auf mich zukommen zu lassen und die Erwartungen nicht zu hoch zu schrauben, dann wird es immer am schönsten.

Juliane Heßel

Nach der Rückkehr

Das kann ich besonders gut
Kinder motivieren.

Meine größte Schwäche ist
Selbstbewusst aufzutreten, beziehungsweise eine Klasse von 60 Kindern unter Kontrolle zu bekommen, wenn sie in der letzten Stunde keine Lust mehr haben.

Das macht mich traurig
Wenn Kinder geschlagen werden.

Das macht mich wütend
Korruption. In Indien gibt es gute Gesetze, aber die greifen oft nicht, weil zu viele Menschen Geld aus dem System nehmen. Im Bundesstaat Jharkand zum Beispiel, in dem ich war, gibt es riesige Kohlevorkommen, aber die Region ist völlig unterentwickelt, es gibt ständig Stromausfälle.

Das hat mir das vergangene Jahr gebracht
Ich kann viel besser auf Leute zugehen, auch mal Smalltalk machen. Ich bin auch experimentierfreudiger geworden, probiere Sachen einfach aus, das ist mir sehr wichtig geworden im Leben. Auch mein Glaube hat sich verändert. Wie Jesuiten ihren Glauben leben, hat mir gut gefallen. Ich habe einen Pater kennengelernt, der in einem Gesundheitszentrum arbeitet. Meine tägliche Arbeit ist mein Gebet, hat er gesagt. Das finde ich schön. Man kann nicht nur den ganzen Tag fromm sein, man muss auch etwas unternehmen, um die Verhältnisse zu verändern.

Vom nächsten Jahr erhoffe ich mir
Ich habe angefangen, in Frankfurt Psychologie zu studieren und freue mich darauf, Feste wie Weihnachten oder Silvester wieder in Deutschland zu feiern, mit meinen Freunden, das habe ich sehr vermisst. Ich möchte mich in Zukunft auch sozial engagieren. Wie weiß ich noch nicht, aber ich bin gespannt, wo mich dieser Wunsch hinführt.

Diese Musik habe ich gehört
Indische Bollywoodmusik. Freiwillig!

Vermissen werde ich
Die Schüler, den Lärm, das manchmal etwas Unorganisierte und Spontane. Sich nicht anstellen zu müssen.

Weihnachten habe ich so gefeiert
In einem Dorf in einer Kirche. Wir saßen bei der Mitternachtsmesse auf dem Boden, die Kinder waren schon ganz müde und haben neben mir ausgestreckt auf dem Boden geschlafen. Ich war selbst total müde und hätte mich gerne dazu gelegt. Dann kam die Kollekte und da wurden Reis, eine Taube und eine Ziege geopfert.

Liebe ist mir begegnet in
Jedem einzelnen Menschen, dem ich begegnet bin.

Verändert hat sich an mir
Ich achte auf viel mehr Details, etwa, wenn ich durch die Stadt laufe, wem ich begegne, was ich sehe. Auch bei Aussagen von anderen bin ich achtsamer geworden, etwa wenn es um Ausländer, Obdachlose oder um Klamottenkauf geht.

Gelernt habe ich
Ein bisschen Hindi, pädagogische Methoden und dass es andere Wirklichkeiten gibt. Indien ist für mich kein Abenteuer mehr, es ist jetzt eine Realität.

Überrascht hat mich
Die Ähnlichkeiten zwischen Indern und Deutschen. Menschen in meinem Alter denken dort eigentlich über dieselben Sachen nach wie ich: Wie geht es nach der Schule weiter, was mache ich. Überrascht hat mich auch, dass ein so großes Land mit so vielen Sprachen und Religionen wie Indien funktioniert. Es gibt viele Spannungen, aber es gibt doch Zusammenhalt, das fasziniert mich.

Bestürzt hat mich
Dass in vielen Schulen noch geschlagen wird. Allerdings verstehe ich, dass das aus der Vergangenheit kommt und schnell wohl nicht zu ändern ist. Aber es hat mich traurig gemacht. Seltsam war, dass es aus meiner Sicht so falsch ist, aber dort gar nicht als Skandal wahrgenommen wird.

An der Ankunft war schön

Mein Papa und meine Schwestern haben mich am Flughafen abgeholt, meine Mutter wartete zuhause und dann gab es Brot, Wurst und Käse und eigentlich war alles normal, das war schön.

An der Ankunft war schwer

Sich wieder einzulassen auf die eigene Kultur und den deutschen Lebensstandard. Mein Handy war in Indien kaputtgegangen, nach der Rückkehr habe ich ein Smartphone bekommen. Das war ein Schock des Geldes wegen, weil man plötzlich sechs Monatsgehälter für ein Handy ausgibt. Das ging mir am Anfang nicht in den Kopf.

Armut ist

Ausgrenzung aus verschiedenen Gründen, sei es des Kastensystems oder des Geldes wegen, weil jemand komisch aussieht, Intelligenz, Behinderung. Armut hat nicht nur mit Geld zu tun.

Luxus ist

Wenn man fließend Wasser hat, wenn man durchgehend Strom hat, wenn man einen Eimer voll warmen Wassers hat im Winter, wenn es kalt ist, und eine Taschenlampe, wenn der Strom ausfällt. Die Dinge, die man in einem Raum braucht, sind eigentlich: ein Tisch, ein Bett und eine Toilette, vielleicht ein Waschbecken und eine Dusche, das ist schon ein großer Luxus.

Glauben bedeutet mir

Ein Rückhalt im Leben.

Heimat ist

Überall, wo man Menschen auf der Welt trifft, die einen aufnehmen.

Heimweh ist

Wenn man auf dem Display seines Handys sieht, dass man einen Skypeanruf verpasst hat und kein Internet hat, dann wird man schon ein bisschen böse (lacht).

Einsamkeit ist

Das ist schwer. Ich habe Einsamkeit noch nie wirklich extrem erlebt, ich finde, selbst wenn man alleine in einem Raum ist, aber man weiß, man hat irgendwo Menschen, die für einen da sind, ist man nicht einsam, deswegen ist es schwierig für mich, Einsamkeit zu definieren. Vielleicht: Wenn man niemanden hat, dem man vertrauen kann, dann ist man einsam.

Glück ist

Zu leben.

Ein besonders schöner Moment in meinem Leben war bisher

Glücksmomente sind für mich immer, wenn ich mit jemandem sehr viel lachen kann, das war letztes Jahr eigentlich auch sehr viel mit den anderen Freiwilligen. Als ich mit Paula, Simon und Michael in Südindien war und wir da einiges erlebt haben und dann einfach lachen mussten – das waren so Glücksmomente für mich.

Ein besonders schwieriger Moment in meinem Leben war bisher

Wenn Kinder einen auf der Straße angebettelt haben.

Das gebe ich den anderen Freiwilligen mit auf den weiteren Weg

Die Gemeinschaft mit den anderen Freiwilligen war die schönste Gruppe, die ich bisher erlebt habe – und ich war schon in vielen Gruppen. Diesmal war es etwas Besonderes. Ich möchte den anderen mit auf den Weg geben, dass sie mit Freude durchs Leben gehen sollen, es genießen sollen, sich hineinwerfen sollen.

Das gebe ich mir selbst mit auf den Weg

Jederzeit bereit zu sein für Veränderung.

Mirjam Lang

Jahrgang 1993
Abiturientin
Alzenau

Einsatzland Simbabwe
Mitarbeit in einem Frauenprojekt in diversen
Berufsförderungsmaßnahmen und pädago-
gische Arbeit in einer Vorschule in Makumbi

Diese Eigenschaft an mir ist besonders wichtig
Ehrlichkeit, Zuverlässigkeit, ich plappere nichts weiter, man
kann mir vertrauen.

Meine größte Schwäche ist
Mir fällt es eher schwer, aus mir rauszugehen und über mich
zu reden.

Das macht mich traurig
Wenn ich jemandem nicht helfen kann. Wenn ich sehe, dass
jemand ausgeschlossen wird. Früher in der Klasse war immer ich diejenige, die das angesprochen hat. Ungerechtigkeit
bewegt mich sehr.

Das macht mich zufrieden
Wenn ich mit meiner Familie zusammen sein kann, wenn
alle da sind und wir zusammensitzen und reden.

Mein Held / Heldin ist
Früher war das meine große Schwester, von ihr habe ich mir
manches abgeschaut. Aber ich hatte nie große Vorbilder oder
irgendjemanden, für den ich geschwärmt hätte.

Vom nächsten Jahr erhoffe ich
Dass ich einen offeneren Blick bekomme, mehr von der Welt
verstehe und hinterher sagen kann: Da gewesen zu sein, hat
etwas genützt. Ich habe noch ein paar Zweifel, ob ich die
Menschen vor Ort wirklich bereichern kann, hoffe es aber.
Und dass die Zeit auch mich bereichert, dass ich dort weiter wachse.

Vom nächsten Jahr befürchte ich
Ich werde auf jeden Fall großes Heimweh haben. Ich befürchte auch, dass es politische Entwicklungen im Land geben könnte, die uns zwingen könnten, das Projekt abzubre-
chen oder dass ich einen riesigen Kulturschock bekomme
oder dass es vor Ort gar nicht funktionieren wird.

Das nehme ich unbedingt mit
Bilder von meiner Familie und Freunden. Ich werde ganz
viel von den Vorbereitungsseminaren mitnehmen. Ich geh
mit totaler Energie aus den Seminaren raus, das bringt mir
ganz viel, die Leute, die Gruppe, man hat ähnliche Einstellungen und Vorstellungen und das ist schön. Und ich werde
mein altes verkorkstes Handy mitnehmen.

Das lasse ich gern zurück
Es ist schade, dass die Schule jetzt vorbei ist, aber es ist auch
gut, da rauszukommen, die Leute hinter sich zu lassen und
Neues zu erleben. Kälte und Regen lasse ich auch gern in
Deutschland.

Vermissen werde ich
Ganz stark meine Familie, meine Freunde, meine geregel-
ten Tagesabläufe, das Essen, mal sehen wie es wird mit dem
Maisbrei in Afrika.

Verändern wird sich an mir bestimmt
Ich glaube, dass ich noch mehr herausfinden werde, was ich
will, zu was ich stehe, und dass ich da selbstbewusster werde.
Ich hoffe auch darauf, dass ich nach dem Jahr wissen werde,
was ich später mal machen will.

Lernen möchte ich
Ich möchte meine eigenen Vorurteile und stillschweigenden
Annahmen erkennen und einen offeneren Blick bekommen.
Ich glaube, dass ist schwerer, als man erst denkt.

Der Abschied fällt mir schwer von
Von meinen Geschwistern, Eltern, Freunden, es wird bestimmt großes Geheul geben. Auch der Abschied von den
anderen Freiwilligen wird mir schwerfallen, die Gruppe zerstreut sich ja bald in die ganze Welt.

Familie bedeutet mir
Sehr viel und eine sehr große Unterstützung. Wir Geschwister
verstehen uns alle total gut untereinander, meine Familie gehört zu den wichtigsten Dingen in meinem Leben.

Gutes tun bedeutet

Jemandem zu helfen und dadurch auch selbst bereichert zu werden. Gutes zu tun gibt ein gutes Gefühl, da man Dankbarkeit erfährt.

Armut ist

Einsamkeit, nicht zu wissen, an wen man sich wenden kann. Auch Mangel an materiellen Dingen und deswegen nicht weiterzuwissen. Ich musste zum Beispiel in den vergangenen Monaten das Benzin für mein Auto selbst zahlen, da habe ich ganz schön zusammenkratzen müssen. Da ist mir klar geworden, dass ich nur ahnen kann, was Armut bedeutet.

Luxus ist

An den Kühlschrank zu gehen und zu essen was man will. Aber auch Freiheiten zu haben, sagen zu können, was man will, sich frei bewegen zu können, nicht eingeschränkt zu werden.

Glauben bedeutet mir

Meine Eltern haben mich christlich aufgezogen, aber ich gehe nicht mehr regelmäßig in die Kirche, das bringt mir nicht so viel. Ich glaube schon, dass es Gott gibt und baue da auch drauf, mein Glauben gibt mir Kraft. Aber Glaube ist für mich nicht Kirche.

Freiheit bedeutet

Ich merke Freiheit ganz stark in der Musik: Da gehe ich drin auf, da blühe ich auf, da spüre ich Freiheit. Und im Sommer an den See zu fahren und da liegen zu können, morgens aufstehen zu können, und durch nichts eingeschränkt zu werden, das ist für mich Freiheit.

Heimat ist

Da, wo ich mich wohlfühle.

Heimweh ist

Sehnsucht nach meiner Familie.

Sprache ist

Wichtig (lacht). Wird sehr wichtig sein, aber ich muss noch einiges tun an der neuen Sprache.

Glück ist

Wenn ich mich wohlfühle, wenn ich zufrieden bin, dann bin ich glücklich.

Ein besonders schöner Moment in meinem Leben bisher war

Der Tag, an dem mein jüngster Bruder auf die Welt gekommen ist.

Ein besonders schwieriger Moment in meinem Leben bisher war

Als mein Onkel recht jung gestorben ist. Wir waren alle total mitgenommen, haben viel geweint. Da kam eine Frau zu mir und sagte, dass ich nicht weinen müsse, mein Onkel sei doch jetzt im Himmel. Damit konnte ich gar nichts anfangen, das war ein schwieriger Moment.

Das gebe ich den anderen Freiwilligen mit auf ihren Weg

An sich zu glauben, mit viel Offenheit und einem weiten Blick ihren Weg zu gehen, und sich selbst Zeit zu geben.

Das gebe ich mir selbst mit auf den Weg

Viel Mut. Ich denke, das ist das wichtigste, weil ich gerade wieder in einer Phase bin, in der ich mich frage, warum ich das Ganze überhaupt mache.

Mirjam Lang

Nach der Rückkehr

Diese Eigenschaft an mir ist besonders wichtig
Ich bin sehr sozial.

Das macht mich traurig
Zu wissen, dass es anderen Menschen nicht so gut geht wie mir und dass es viele Menschen gibt, denen das egal ist.

Das hat mir das vergangene Jahr gebracht
Das Jahr in Simbabwe war eine unglaubliche Bereicherung. Auch wenn vieles schwer war und ich oft mit mir gekämpft habe. Meine beiden Omas sind mit nur zwei Wochen Abstand während meiner Zeit in Simbabwe gestorben. Da war ich im Kopf viel daheim. Ich wurde auch mit den Vorgänger-Freiwilligen verglichen und musste erst lernen, meinen eigenen Weg zu gehen. Und die Armut hat mich beschäftigt, mitzuerleben, wie zum Beispiel eine Freundin erkrankt ist, und man nichts machen konnte, weil vor Ort die Mittel gefehlt haben. Das war schlimm. Aber im Nachhinein bin ich total erfüllt. Das Jahr war ein großes Geschenk und ich bin total froh, dass ich es gemacht habe. Ich habe viel gelernt und mich auch selbst viel besser kennengelernt.

Gelernt habe ich
Ich bin mit einem weiteren Blick heimgekommen, bin im Umgang mit anderen und auch was Konflikte, Armut, Notsituationen angeht viel sensibler geworden. Innerlich bin ich viel ruhiger, weiß viel besser, was ich will. Das tut gut. Ich fand es auch bereichernd zu spüren, dass ich Kontakt zu Menschen aufbauen kann, dass ich die Brücke zwischen zwei Ländern war.

Vom nächsten Jahr erhoffe ich mir
Dass es mir gelingt, das Erlebte nicht abzuschließen, sondern mitzunehmen und mich weiter zu engagieren. Aber ich will auch nicht nur im Kopf in Simbabwe hängen, sondern einen guten Mittelweg finden. Ich werde soziale Arbeit in Mainz studieren. Ich bin noch nicht sicher, ob es das Richtige ist, aber ich hab das jetzt entschieden und probiere es nun aus.

Das habe ich mitgebracht
Freunde, Kontakte, gute Erlebnisse, Lebensfreude, Gelassenheit, das Leben leicht zu nehmen. Ich fühle mich auch noch so erfüllt, von dem, was ich erlebt habe. Stoffe habe ich mitgebracht, meine Schuhe, die ich jetzt noch anhabe, Armbänder.

Das habe ich zurückgelassen
Ich hoffe, dass ich bei den Leuten etwas zurücklassen konnte, ein anderes Bild von einer Weißen. Ich hatte mir das zur Aufgabe gemacht, mit den Leuten in Kontakt zu kommen, viel Interesse an ihrem Leben zu zeigen, Shona zu lernen, auf dem Feld zu helfen – das hat die Leute berührt.

Vermissen werde ich
Die Herzlichkeit und Wärme der Menschen in Simbabwe. Dieses laute, aufrichtige Lachen, den Gesang und Tanz im Gottesdienst, meine Freunde, die Sonne, die Natur, einfach dort zu sein, zu leben und nicht groß über morgen nachzudenken.

An meinem Geburtstag habe ich
An meinem Geburtstag habe ich den schönsten Sonnenuntergang in Simbabwe erlebt. Tagsüber habe ich mit Frauen, die HIV positiv sind, einen Ausflug zu einem Kräutergarten gemacht. Die Frauen haben sich dort mit anderen ausgetauscht, wie man die Pflanzen am besten aufzieht. Man feiert in Simbabwe nicht groß Geburtstag, für die war das ein ganz normaler Tag, für mich auch.

Liebe ist mir begegnet in
Ich hatte viele simbabwische Mamis, die sich um mich gekümmert haben. Obwohl Familie dort einen großen Stellenwert hat, ist mir aufgefallen, dass Eltern nicht so eine enge Beziehung zu ihren Kindern aufbauen. Sie helfen ihnen nur selten mal bei den Hausaufgaben oder schenken ihnen direkte Aufmerksamkeit, vor allem nicht die Väter. Aber einmal war ich bei einer Familie zu Besuch, da saß der Mann mit seinem Sohn im Arm auf einem riesigen Maiskolbenhaufen, und beide haben unheimlich gelacht. Das war ein sehr ausdrucksstarkes Bild, das mir in Erinnerung geblieben ist.

Bestürzt hat mich
Die Armut und die schlechte medizinische Versorgung. Bestürzt war ich auch über die Situation der Frauen in Simbabwe. Sie sind viel weniger wert als der Mann, obwohl Frauen in Simbabwe eigentlich alles schmeißen, während viele Männer in der Bierhalle saßen, sich betranken und nebenher Freundinnen hatten. Das war schockierend. Auch

dass HIV so verbreitet ist und viele Menschen darüber noch nicht aufgeklärt sind.

Familie bedeutet mir

Das wichtigste in meinem Leben. Und ich will auch auf jeden Fall später eine Familie haben.

Gutes tun bedeutet

Etwas nicht tun, damit es mir guttut, sondern einem anderen.

Armut ist

Wenn Menschen eingeschränkt leben müssen, nicht nur finanziell, sondern auch, wenn sie einsam sind oder eine schlimme Krankheit haben und Hilfe brauchen.

Glauben bedeutet mir

Glauben ist mir ziemlich wichtig geworden, obwohl ich es während des Jahres schwierig fand, mich damit auseinanderzusetzen. Ich hatte auch Schwierigkeiten, die Armut vor Ort mit meinem Glauben zu vereinbaren. Aber ich war jetzt nochmal in Taizé und habe dort gemerkt, dass mir mein Glaube wirklich wichtig geworden ist.

Freiheit bedeutet

Glücklich zu sein. Wenn ich glücklich bin, dann bin ich frei.

Glück ist

Glück ist zum Beispiel, in Deutschland geboren und total behütet aufgewachsen zu sein. Eine coole Familie und Freunde zu haben, eigentlich ein sorgenloses Leben führen zu können.

Ein besonders schöner Moment in meinem Leben war bisher

Besonders schön, wenn auch sehr traurig, war der Abschied am Flughafen. Zu sehen, dass mir die Menschen sehr wichtig geworden sind, und dass ich ihnen auch wichtig geworden bin.

Ein besonders schwieriger Moment in meinem Leben war bisher

Da gab es mehrere: Nach den ersten Monaten ist alles so ein bisschen auf mich eingestürzt. Wir waren in zwei Townships und haben erlebt, dass die Menschen dort nichts zu essen haben, dass die Lehrer schon seit fünf Jahren ohne Gehalt arbeiten und dass die Regierung diese Menschen nicht unterstützt, eher gegen sie arbeitet. Da habe ich mich sehr hilflos und gefangen gefühlt. Das war ein richtig schlimmer Moment.

Das gebe ich den anderen Freiwilligen mit auf den weiteren Weg

Dass es nach dieser Erfahrung schon wichtig ist, sich in Deutschland wieder einzuleben, aber dass man auf jeden Fall versuchen sollte, seine Erinnerungen weiterzutragen und sich nicht komplett vom Alltag übermannen zu lassen.

Das gebe ich mir selbst mit auf den Weg

Nicht so viel über die Zukunft nachzudenken, sondern jetzt einfach hier zu sein.

Simon Bürger

Jahrgang 1994
Abiturient
Hamburg

Einsatzland Indien
Assistenzlehrer in einem Internat für Tribals
(ausgegrenzte Volksstämme) in Sahibganj

Das kann ich besonders gut
Ich kann mich gut in einer Gruppe einfinden, gut mitmachen, mich mit den anderen verständigen. Ich bin sehr interessiert, gehe auf andere zu und bin offen für Neues. Ich lerne gern von anderen. Auch in Volleyball bin ich gut.

Diese Eigenschaft an mir ist besonders wichtig
Dass ich groß bin, wird man in Indien sicher bemerken. Manchmal bin ich auch zurückhaltend. Es kommt auf die Situation an.

Meine größte Schwäche ist
Ich kann auch mal genervt sein, aber ich denke, das ist bei jedem so.

Mein Held / Heldin ist
Ich hatte keinen Helden meiner Kindheit oder ein Idol. Ich finde meinen Papa toll, das kann ich sagen. Er ist witzig, hat gute Werte, das finde ich wichtig. Als Kind fand ich Robin Hood gut, weil er den Armen Geld gibt, stark ist und gut Bogenschießen kann.

Das macht mich glücklich
Sport, Freunde, Familie, Gemeinschaft erleben. Was zu unternehmen finde ich toll, Neues zu sehen, zu reisen, etwas Aufregendes zu machen.

Das macht mich traurig
Leid, Unverständnis, Ignoranz, Gewalt.

Das macht mich zufrieden
Freundschaft, Familie, Gemeinschaft, wenn ich ich selbst sein kann, mich wohlfühle, mich beteiligen kann, mich gut aufgehoben fühle.

Das macht mich wütend
Ignoranz. Ich finde es schade, wenn jemand nicht konfliktfähig ist. Allerdings betrifft mich das auch manchmal selbst. Wütend macht mich außerdem, wenn Menschen ausgeschlossen und diskriminiert werden.

Vom nächsten Jahr erhoffe ich
Viele neue Erfahrungen. Menschen kennenzulernen, Indien zu erleben. Besonders freue ich mich auf die Leute, die neue Kultur, das Essen, die Sprache, das Leben, die Gemeinschaft vor Ort – auch in meiner Schule.

Vom nächsten Jahr befürchte ich
Ich war noch nie im Osten, bin in den Ferien immer nur in den Westen geflogen und kenne auch niemanden aus Indien. In den Nachrichten hört man ja viel von Gewalt oder von Krankheiten, darum habe ich davor ein wenig Angst. Ich freue mich auf die neue Kultur, aber vielleicht finde ich mich auch nicht zurecht oder merke, dass die Kultur nichts für mich ist. Das wäre total schade.

Das nehme ich unbedingt mit
Das Kartenspiel Wizzard. Das spiele ich immer mit meiner Familie und mit Freunden. Das macht immer viel Spaß, man regt sich auf, es ist sehr emotional, das ist immer ganz lustig. Es geht auch ein bisschen um Geschick, man muss auch nachdenken und es ist ein Gemeinschaftsspiel, das finde ich schön.

Das lasse ich gern zurück
Den Alltag in Deutschland, in dem man ja immer ein bisschen gefangen ist. Ich freue mich so darauf, etwas Neues von der Welt zu sehen.

Verändern wird sich an mir bestimmt
Hoffentlich meine Sicht auf die Welt, auf Gerechtigkeit und Armut. Ich hoffe auch, meine Sicht auf andere Kulturen.

Lernen möchte ich
Hindi zu lernen wäre total cool. Allerdings werde ich wohl hauptsächlich Englisch sprechen. Mich in der neuen Kultur zu bewegen, mich im Land zurechtzufinden, ohne behütet zu sein, das möchte ich lernen.

Der Abschied fällt mir schwer von
Den Gewissheiten und der Strukturiertheit meines Lebens in Deutschland, wo alles so klar und einfach ist. Es wird mir

auch schwerfallen, mich auf alles völlig Unbekannte einzulassen. Und natürlich von meiner Familie.

Vermissen werde ich

Familie, Freunde, sicherlich auch deutsches Essen, deutsche Kultur, deutsche Sprache. Ich war schon mal längere Zeit in den USA, da habe ich auch ganz kleine Dinge vermisst, deutsches Brot zum Beispiel.

Familie bedeutet mir

Geborgenheit. Ich werde sie auf jeden Fall vermissen, und ich hoffe, dass ich in Indien eine neue Familie finde. Aber ich finde es auch schön, auf mich alleine gestellt zu sein.

Gutes tun bedeutet

Sich für andere einzusetzen.

Armut ist

Nicht genug zu haben, um glücklich zu sein oder um zu leben.

Luxus ist

Sicherheit, Geborgenheit und sich keine Sorgen um das tägliche Essen machen zu müssen. Dass ich ein Dach über dem Kopf habe, und so viele Möglichkeiten in Deutschland: Schule, Sport, Musik, mir steht alles offen.

Glauben bedeutet

Für mich ist beim Glauben die Gemeinschaft wichtig. Und ich stehe auch hinter den christlichen Werten.

Freiheit bedeutet

Entscheidungsfreiheit. Und die Freiheit, sagen zu können, was ich will. Vielleicht wird das in Indien anders sein, wie das dort ist, kann ich noch nicht einschätzen.

Heimat ist

Wo ich mich zu Hause fühle.

Sprache ist

Etwas Schönes, etwas Kreatives. Es kann auch manchmal schwer sein, die richtige Sprache zu finden, um auszudrücken, was man denkt. Die Vielfalt von Sprache ist auch spannend, finde ich. Ich bin gar nicht so sprachgewandt. Ich bin eher der Physik-Typ, aber ich bewundere es, wenn Leute sich gut ausdrücken können.

Glück ist

Zum Beispiel, dass ich einen Freiwilligendienst machen darf. Dass ich eine Familie habe, dass ich Zugang zu Bildung habe, Freunde und Freiheiten – Glück ist so vielfältig!

Ein besonders schwieriger Moment in meinem Leben bisher war

Ich bin ziemlich behütet aufgewachsen, richtig schwierige Situationen habe ich noch nicht erlebt. Ich bin mit 15 in die USA gegangen, das war schon eine heftige Entscheidung, aber eine total tolle.

Das gebe ich den anderen Freiwilligen mit auf ihren Weg

Ich hoffe, dass sich alle für die neue Kultur öffnen können, dass sie reinfinden und die ganze Fülle des Lebens dort erfahren. Neue Eindrücke, die Menschen kennenzulernen vor allem, das ist für mich immer besonders wichtig. Dass man die großen Dinge und die kleinen Dinge mitnimmt.

Das gebe ich mir selbst mit auf den Weg

Ich hoffe, dass ich mich öffnen kann, mich nicht nach Deutschland zurücksehne, sondern mich mit Haut und Haar einbringe. Natürlich darf man auch seine Freiräume haben, aber ich möchte mich nicht abschirmen. In Indien wird das vielleicht schwer, ich hoffe, dass ich es schaffe, mich darauf einzulassen und alles mitzunehmen.

Simon Bürger

Nach der Rückkehr

Diese Eigenschaft an mir ist besonders wichtig
Ich grüble viel.

Meine größte Schwäche ist
Dass ich mich immer auf das Negative konzentriere.

Diese Angst musste ich überwinden
Eine Klasse mit 60 Kindern zu unterrichten. Überhaupt hatte ich vor Indien schon ein bisschen Schiss. Nicht vor Krankheiten und so weiter, nur dass dieses Land überhaupt nicht meins ist.

Und war es dann deins?
Ich finde es toll, dass ich das Jahr gemacht habe, aber Indien ist nicht mein Land. Ich finde Indien spannend, es hat eine tolle Kultur, aber leben möchte ich da nicht. Nicht wegen des Lebensstandards, der schlechten Straßen oder so, sondern weil mir die Kultur so fremd ist.

Vom nächsten Jahr erhoffe ich mir
Ich habe gerade angefangen, in Mannheim VWL zu studieren und bin noch nicht sicher, ob ich dabei bleiben soll. Ich hatte auch an ein Medizinstudium gedacht. Ich hoffe, dass ich etwas finde, das mich so richtig fesselt. Und dass ich das vergangene Jahr nicht vergesse. Auch wenn es vielleicht manchmal blöd war, hoffe ich, dass ich das in mir behalte.

Vermissen werde ich
Die Kinder und ich werde es auch vermissen, so viel Zeit zu haben. In Indien hatte ich öfters Zeit, mich hinzusetzen und nachzudenken. Das habe ich jetzt weniger, aber das finde ich auch gut. Vermissen werde ich Indien, das Land, diese spannende Kultur, aber bei meinem Vermissen ist es so: Ich vermisse das alles zwar, bin aber froh, wieder in Deutschland zu sein.

Weihnachten habe ich so gefeiert
Weihnachten war richtig blöd. Ich dachte, wir würden ein Fest machen, aber die andere Freiwillige und ich sind nur in eine andere Jesuitenschule gefahren, haben um Mitternacht die Messe gefeiert, Hühnchen gegessen, dann haben wir uns gegenseitig etwas geschenkt, ein Bier getrunken, das war's. Und ich hab noch was von meinen Eltern geschickt bekommen und ausgepackt.

Liebe ist mir begegnet in
Den Kindern, allerdings hat mir meine Arbeit mit ihnen nicht besonders gefallen. Die Kinder in meiner Klasse waren total laut. An indischen Schulen wird zum Teil noch geschlagen, vor den meisten Lehrern haben die Schüler Angst. Ich wollte so natürlich nicht unterrichten. Ich war auch nur Assistenzlehrer, habe oft in der Klasse mit 60 Kindern gesessen, während der Frontalunterricht lief, und habe korrigiert, manchmal auch selbst Module übernommen oder bin eingesprungen, wenn ein Lehrer ausgefallen ist. Aber ich habe mich schon öfter gefragt: Was mache ich hier eigentlich?

Gelernt habe ich
Gitarre zu spielen, offen zu sein, auf Leute zuzugehen, mit so vielen Menschen klarzukommen. Ich weiß jetzt, wie es ist, ganz wenige Freiheiten zu haben, wie es ist, mal ein Jahr fast nur Reis zu essen, ganz viele Mückenstiche zu haben, in Indien zu leben, wie anders die Probleme in Indien sind und was ich für ein Glück habe, in Deutschland geboren zu sein.

Überrascht hat mich
Überrascht hat mich, dass in Indien auch Jungen so cool tanzen. Ich tanze auch gerne, aber in Deutschland gilt das ja als doof. Überrascht hat mich auch, dass man sich an so viel gewöhnen kann, auch wenn man die Zustände nicht toll findet. Ich hätte auch nicht gedacht, wie viele Sprachen es in Indien gibt, natürlich ist das geographisch ein Riesenland, aber die kulturellen Unterschiede innerhalb sind auch noch riesig.

Bestürzt hat mich
Die Gewalt in den Schulen. Es gibt so viele Menschen in Indien, dass der Einzelne wenig zählt. Das Bildungssystem ist bestürzend: Es gibt staatliche Schulen, die stehen da, und kein Lehrer geht hin, weil das nicht kontrolliert wird. Dann gibt es private Schulen mit über 100 Kindern in der Klasse. Ich habe mich immer gefragt, wie man so etwas machen kann – Kindern die Bildung stehlen?

An der Ankunft war schön
Meine Familie und Freunde wiederzusehen, war sehr schön. Keine 50 Grad mehr, keine Mücken, deutsches Essen, wie-

der ein anderes Lebensgefühl, bisschen gewohnter, bisschen einfacher, die ganzen Freiheiten und Möglichkeiten, die ich habe.

An der Ankunft war schwer

Für mich ist immer noch schwer, das Jahr einzuordnen. Und ich hatte gehofft, dass ich danach genau wissen würde, was ich beruflich machen will. Aber jetzt ist das Jahr um und ich habe noch weniger Ahnung als vorher, was ich eigentlich studieren will.

Glauben bedeutet mir

Ich war in Indien sehr oft in der Kirche, ich habe ja bei Priestern gelebt. Man kann wirklich Kraft und Ruhe aus dem Glauben schöpfen, was ich vorher nicht so gesehen habe. Vielleicht ist Glauben für mich eine Möglichkeit – man kann sie wahrnehmen oder nicht. Manchen gibt ihr Glaube Halt, manche fesselt er auch.

Ein besonders schöner Moment in meinem Leben war bisher

Wenn ich mit den Kindern zusammen war, auch wenn eine Unterrichtsstunde total blöd gelaufen ist – aber wie die einen anlachen können!

Ein besonders schwieriger Moment in meinem Leben war bisher

Ungerechtigkeit gegenüber Kindern mitzuerleben, die Armut, die Gewalt. Dabei zu wissen, dass die Kinder ja nichts dafür können, die sind einfach nur zufällig dort geboren.

Das gebe ich den anderen Freiwilligen mit auf den weiteren Weg

Seid stark, traut euch was und seid offen.

Das gebe ich mir selbst mit auf den Weg

Finde etwas, das dich wirklich interessiert, das dich berührt.

Anne Lux

Jahrgang 1995
Abiturientin
Stuttgart

Einsatzland Rumänien
Mitarbeit in einem Kindergarten, einer
Behindertentagesstätte, einem Altenheim
und in einer Suppenküche für Obdachlose
in Temeswar

Das kann ich besonders gut
Ich bin gut im Gute-Laune-Haben, im Herumphilosophieren,
ich kann meine Nase mit der Zungenspitze berühren.

Diese Eigenschaft an mir ist besonders wichtig
Ich kann gut vermitteln.

Meine größte Schwäche ist
Ich möchte immer, dass sich alle gut verstehen und stecke
dafür zu viel ein.

Mein Held / Heldin ist
Für mich gibt es keine Helden, sondern Momente, in denen
Menschen Helden werden, wenn sie zum Beispiel Zivilcou-
rage beweisen.

Das macht mich glücklich
Schokolade und Katzenbabys – so einfach bin ich gestrickt.

Das macht mich traurig
Bettelnde Menschen, streunende Hunde, verlassene Dörfer –
davon gibt es in Siebenbürgen sehr viele.

Das macht mich zufrieden
Das Gefühl, etwas erreicht zu haben.

Vom nächsten Jahr erhoffe ich
Ich möchte in Rumänien die Wurzeln meiner Familie besser kennenlernen, um selbst fester im Leben gegründet zu
sein. Ich brauche das Wissen darüber, wo ich herkomme,
als Fundament für mich. Außerdem hoffe ich, dass ich für
die Menschen, denen ich begegne, eine Bereicherung sein

werde. Für meinen Einsatz ist meine humanitäre Überzeugung wichtiger als mein Glaube an Gott. Ich denke, dass wir
auf der Welt sind, um das Bestmögliche für möglichst viele
Menschen zu erreichen, da bin ich Utilitaristin. Für mich ist
das Freiwilligenjahr darum weniger eine spirituelle Reise, ich
möchte erwachsen werden und den Menschen in der Behindertentagesstätte auf Augenhöhe begegnen.

Vom nächsten Jahr befürchte ich
Ich glaube, dass es schlecht ist, sich auszumalen, was alles
problematisch werden könnte, und dann innerlich zu blo-
ckieren. Ich habe ein Motto: Wer fliegen will, muss fallen
lernen.

Das nehme ich unbedingt mit
Meine Ikone. Wir wollen in unserer Gemeinschaft Impuls-
abende machen, dafür soll die Ikone sein. Ein Kreuz besitze
ich nicht, aber ganz viele alte Ikonen von meinen Großeltern.

Das lasse ich gern zurück
Die Schule, auch viel von der deutschen Lebensart. Ich
möchte nicht pauschalisieren, aber ich finde viele Menschen
in Deutschland so miesepetrig. Sie reagieren kaum darauf,
wenn man ihnen freundlich begegnet. Sie sind nicht spontan,
drücken ihre Gefühle nicht aus. Das sind Kleinigkeiten, aber
manchmal denke ich dann schon, dass mir das Land mal
für ein Jahr gestohlen bleiben kann.

Weihnachten erwarte ich
Da wird es rund gehen in Rumänien. Da stellt man sich dann
hin und singt und hat Spaß. Auch in Rumänen gibt es Kon-
sumwahn, aber ich glaube trotzdem, dass Weihnachten dort
noch mehr auf die Geschichte von der Geburt Jesu bezogen
ist. Da ist das Fest noch wichtiger als die Geschenke.

Für meinen Geburtstag wünsche ich mir
An meinem Geburtstag will ich in die Karpaten und mit den
Leuten, die ich dort kennenlernen werde, rumreisen.

Verändern wird sich an mir bestimmt
Ich werde souveräner werden. Ich werde viel mehr Dinge
allein regeln müssen, das wird hart sein, aber mich auch
stärker machen und weiterbringen. Wahrscheinlich werde
ich auch noch redseliger. Man soll ja nicht pauschalisieren,
aber in Rumänien labern die Leute mehr, reden durch die
Gegend, gestikulieren mit Händen und Füßen, das wird sicher auf mich abfärben.

Der Abschied fällt mir schwer von

Mutter, Familie, Freunden und am schwersten von meiner Katze, weil die gar nicht versteht, was los ist.

Vermissen werde ich

Meine Familie und Freunde, meinen festen Tagesablauf, mein behütetes Leben. Jetzt watschele ich mal in die Freiheit, das ist schön, aber die Sicherheit werde ich vermissen.

Familie bedeutet mir

Familie sind die Menschen, zu denen man gehört. Das ist der Part im Leben, den man sich nicht aussucht.

Gutes tun bedeutet

Das Leben eines Menschen oder auch eines Tieres zu verbessern.

Armut ist

Armut ist, wenn man weniger hat, als man braucht. Ich finde, dass seelische Armut schlimmer ist als wirtschaftliche, aber absolute Armut ist am schlimmsten.

Luxus ist

Wenn man mehr hat, als einem guttut.

Glauben ist

Eine grundlegende Überzeugung – nicht nur im Denken, auch im Fühlen.

Freiheit bedeutet

Gibt es Freiheit überhaupt? Man steckt immer in einem System. Absolute Freiheit würde wahrscheinlich alles kaputt machen. Ich denke nicht, dass es echte Freiheit gibt.

Geld ist

Es gibt eine Stelle in »Romeo und Julia«, da geht Romeo zum Apotheker, kauft Gift, gibt dem Apotheker Geld dafür und der sagt dann, dass er nicht sicher sei, ob nicht er nun das Gift bekommen habe. Geld ist ein Zeichen für Freiheit, weil man sich dafür alles kaufen kann, aber gleichzeitig ist Geld eine Freiheit, die zur Fessel wird, dadurch dass man immer mehr davon will.

Heimat ist

Der Ort, zu dem man sich zugehörig fühlt.

Heimweh ist

Sehnsucht nach dem Bekannten.

Glück ist

Gutes zu fühlen.

Ein besonders schöner Moment in meinem Leben bisher war

So richtig zwischen Himmel und Erde habe ich mich mal ganz oben in den Karpaten gefühlt. Wir sind den ganzen Tag aufgestiegen, oben war es total bewölkt, es hat wunderbar nach Latschenkiefer gerochen. Wir waren total erschöpft und dann ist plötzlich die Wolkendecke aufgebrochen. Das war wirklich berauschend.

Ein besonders schwieriger Moment in meinem Leben bisher war

Da gibt es nicht nur einen. Schwer war für mich zum Beispiel immer, dass ich nicht richtig Rumänisch spreche, weil ich ja aus der deutschen Minderheit in Siebenbürgen stamme, man das in Rumänien aber immer von mir erwartet hat. Mein Vater ist in Rumänien geblieben, als meine Mutter, meine Schwester und ich nach Deutschland gegangen sind. Er hat inzwischen eine rumänische Freundin, die hat zwei Töchter, die immer Rumänisch mit mir sprechen wollen, und es war mies für mich, dass ich das nicht konnte.

Das gebe ich den anderen Freiwilligen mit auf ihren Weg

Wer fliegen will, muss fallen lernen.

Das gebe ich mir selbst mit auf den Weg

Die Frage: »Warum nicht?«

Anne Lux

Nach der Rückkehr

Das kann ich besonders gut
Mich zum Clown machen.

Das macht mich glücklich
Mich haben die Nachmittage in der Tagesstätte glücklich gemacht, wenn wir alle gut drauf waren, Musik angemacht haben und durch die Gegend getanzt sind. Es macht mich glücklich, am Kanal in Temeswar zu sitzen oder Zumba zu tanzen. Und dass ich nach einem Jahr meine Katze wiederhabe. Mit meiner Familie konnte ich skypen, das war okay. Aber die Katze hat nur böse geguckt, wenn sie vor den Computer gehalten wurde.

Das macht mich traurig
Ich habe schlimme Dinge erlebt, die man mit wenig Aufwand hätte ändern können, aber das geschieht nicht. Wir hatten zum Beispiel ein Mädchen in der Tagesstätte, das mit einem verdrehten Fuß geboren wurde. Das hätte man behandeln können, als ihre Knochen noch weich waren, aber die Mutter hat sich gesperrt und nun sitzt die Tochter im Rollstuhl. Oder Leute, die in die Suppenküche kamen, die Kleber schnüffeln, wohl wissend, dass sie sich damit ihr Gehirn zerstören. Das macht mich traurig. Und, dass ich nicht in Rumänien und Deutschland gleichzeitig leben kann. Diese verflixte 24-Stunden-Busfahrt, das macht keinen Spaß.

Das macht mich zufrieden
Dass ich jetzt vernünftig Rumänisch reden kann. Das war für mich vor dem Jahr ein wichtiger Punkt. Und dass ich nun ein eigenes Verhältnis zu Rumänien aufgebaut habe, unabhängig von meiner Familie.

Das hat mir das vergangene Jahr gebracht
Ich kann jetzt Papierkraniche falten. Und ich habe gelernt, mit Menschen mit Behinderung umzugehen. Das lernt man nicht mit dem Kopf. Es geht darum, keine Distanz zu spüren, wenn man jemanden sieht, der anders ist, sondern auf ihn zuzugehen und zu überlegen: Was können wir beide zusammen machen?

Diese Angst musste ich überwinden
Fremd zu bleiben.

Das habe ich mitgebracht
Ein Quäntchen anders zu leben. Mit mehr Gelassenheit. Dinge, die vor einem Jahr noch größere Dramen waren, sehe ich entspannter.

Vermissen werde ich
Temeswar. Die Stadt, die Menschen, die wir kennengelernt haben, und das Kloster, auch wenn ich mich mit dem manchmal innerlich erst wieder etwas versöhnen musste. Und die Begegnungen werden mir fehlen. Die Stadt ist nicht groß, wenn man zum Hauptplatz geht, trifft man immer jemanden und kann Hallo sagen. Man spürt da viel mehr Nähe zu anderen Menschen als in so weitläufigen Städten wie Stuttgart.

Liebe ist mir begegnet in
Der Tagesstätte, in der ich gearbeitet habe, weil es dort so offen und emotional zuging und wir auch unter den Mitarbeitern so ein schönes Miteinander hatten. Manchmal war es sauanstrengend, manchmal wollte ich meine Kinder auch auf den Mond schicken, wenn sie mir bis aufs Klo gefolgt sind, um zu fragen: »Anne, wie soll ich jetzt das Gras anmalen?« Aber ich hatte eben immer das Gefühl, willkommen und am richtigen Ort zu sein.

Verändert hat sich an mir
Die Einstellung, die Dinge zu nehmen, wie sie sind, und das Beste daraus zu machen. Ich denke immer noch viel nach, aber auf andere Art. Mir ist es jetzt wichtiger, in die Tiefe zu denken und möglichst nicht eindimensional.

Gelernt habe ich
Filzen zum Beispiel. Ich habe auch gelernt, mal vorne zu stehen – bei der Arbeit, aber ich habe zum Beispiel auch bei einem Poetry Slam mitgemacht. Da musste ich erst ein bisschen Mut sammeln, aber dann habe ich das gemacht. Und das hat mich verändert.

Bestürzt hat mich
Dass Krankenwagen in Rumänien so lange brauchen. Ich habe mitbekommen, wie einer einen Herzinfarkt bekommen hat und der Krankenwagen erst nach zehn Minuten eingetroffen ist, obwohl die Wache um die Ecke war. In Rumänien muss man schon am Telefon immer so viele Angaben

machen, den Namen des Opfers nennen, Geburtsdatum und solche Dinge. Früher haben wohl viele Spaßvögel den Notarzt gerufen, und um das zu verhindern, gibt es jetzt diese Bürokratie, das finde ich schockierend. Oder ich habe auch mitbekommen, wie Eltern ihre dreizehnjährige Tochter einem dubiosen Verehrer mitgegeben haben – für 200 Dollar. Die wollten nicht wissen, was mit dem Mädchen genau passieren wird.

Der Abschied fiel mir schwer von

Unserem Leben in der WG. Unser Miteinander war einmalig und wird nicht wiederkommen. Es gab auch Schwierigkeiten, weil wir sehr unterschiedliche Menschen mit unterschiedlichen Bedürfnissen waren, aber das haben wir gemeistert.

An der Ankunft war schön

Meine Familie und Freunde wiederzusehen und endlich wieder mit dem Fahrrad Hügel herunterzufahren, das war so richtig toll.

An der Ankunft war schwer

Loszulassen und sich erst einmal wieder mit Deutschland anzufreunden. Manches ist schon schwerfällig in Deutschland, es gibt viele Regeln, die nicht alle sinnvoll sind, es wird zu wenig auf den gesunden Menschenverstand vertraut. Das ist in Rumänien anders.

Familie bedeutet mir

Sehr viel, aber Familie bedeutet für mich auch, in zwei Ländern zu Hause zu sein.

Gutes tun bedeutet

Da sein.

Armut ist

Mangel.

Luxus ist

Etwas Unnötiges, aber in richtigen Dosierungen durchaus Angenehmes.

Glauben bedeutet mir

Vertrauen, Liebe und auch eine Stütze, Rückenwind. Wenn Glaube aber sehr nach Regeln gelebt wird, wenn er ideologisch wird, kann er immer zu Konfrontationen führen.

Freiheit bedeutet

Freiheit ist Lebendigkeit.

Heimat ist

Dort, wo die Katze ist und der Rest der Familie.

Heimweh ist

Ich kenne nur Familienweh, ich kenne kein Heimweh.

Einsamkeit ist

Einsam ist nicht gleich allein, und allein ist nicht gleich einsam.

Sprache ist

Eine Brücke.

Glück ist

Glück ist, mit nicht viel glücklich zu sein.

Ein besonders schwieriger Moment in meinem Leben war bisher

Mich zu entscheiden, was ich wirklich will.

Das gebe ich den anderen Freiwilligen mit auf den weiteren Weg

Rückenwind.

Das gebe ich mir selbst mit auf den Weg

Ein wenig Weitsicht.

Katharina
Meichsner

Jahrgang 1982
Ökotrophologin
München

Einsatzland Indien
Pädagogische Mitarbeit in einem Internat für
kastenlose Mädchen in Madurai, Betreuung
und Nachhilfe für Schülerinnen

Mein Held / Heldin ist

Allgemein sind es Menschen, die sich einer Sache oder be-
dürftigen Personen hingeben. Menschen, die in ihrer Aufgabe
ganz aufgehen und so strahlen, dass man merkt: Die sind
eins mit sich. Das ist auch ein Grund, warum ich schon so
lange vorhabe, das Freiwilligenjahr zu machen. Ich finde
solche Menschen unglaublich inspirierend. An ihnen orien-
tiere ich mich. Ich will sie nicht imitieren, aber ich möchte
auch meine Mitte finden und leben, was in mir angelegt ist.

Das macht mich glücklich

Wenn ich etwas geben kann und merke, ich habe einem
anderen geholfen. Das geschieht bei mir oft in Gesprächen,
wenn sich andere öffnen. Das ist dann auch schön für mich.
Glücklich macht mich auch, wenn ich Wertschätzung bekomme oder Nähe erfahre. Wenn ich mich eins mit mir fühle,
wenn ich meine Verspannungen nicht merke, beim Tanzen
zum Beispiel. Und auf einer ganz tiefen Ebene macht mich
glücklich, wenn ich mich Gott nahe fühle. Das übersteigt
alles und ist unabhängig von allem. Dafür brauche ich ein
bisschen Stille, dann können ein unglaublicher Friede und
eine Freude in mir aufsteigen. Stille macht mich glücklich,
wenn ich einfach da bin, unabhängig von irgendwelchen
Umständen.

Das macht mich zufrieden

Zufriedenheit ist für mich eine Stufe unter dem Glücklichsein: Ich habe alles, was ich brauche, aber suche noch nach
etwas, das mich ganz erfüllt. Zufrieden machen mich zum
Beispiel mein Job, meine Wohnung, mein ganzes Leben,
aber gleichzeitig spüre ich, es könnte etwas geben, was mich

glücklicher macht. Ich bin zufrieden, aber ich kann noch
nicht sagen, dass mein Leben der totale Glückszustand ist
und dass es so für immer bleiben sollte.

Vom nächsten Jahr erhoffe ich

Dass meine Ohnmachtsgefühle umgewandelt werden in
konkrete Möglichkeiten, anderen zu helfen. Ich hoffe auch
auf Ansatzpunkte, was ich in Deutschland tun könnte, dass
ich meiner Berufung ein bisschen auf die Spur komme. Ich
möchte mehr über mich erfahren und freier werden. »Du
führst mich hinaus ins Weite«, das war mal ein Wallfahrts-
motto, das begleitet mich noch immer. Vielleicht werde ich
durch das Jahr in Indien weniger Angst vor Krankheiten haben oder lockerer mit dem Thema Schlaf umgehen. Aber
das wären Nebeneffekte, deswegen mache ich das Jahr im
Ausland nicht.

Vom nächsten Jahr befürchte ich

Dass der Anfang härter wird, als ich vermute. Dass Freunde
mich nicht mehr so gut verstehen, weil sie den Weg nicht
mitgehen können. Dass es schwer werden wird, sich hinterher wieder einzugliedern. Ich rechne also zweimal mit einem Kulturschock, in Indien, weil es da bestimmt sehr laut,
schmutzig, heiß ist, und bei der Rückkehr nach Deutschland.

Das lasse ich gern zurück

Den Computer und die Flut an E-Mails, mit denen ich jeden
Tag zu tun habe, beruflich wie privat.

Vermissen werde ich

Hauptsächlich meine Familie, obwohl ich inzwischen schon
daran gewöhnt bin, weit weg zu leben. Und die Stille. Ich
bin nun mal ein Ruhe liebender Mensch und werde mich in
Indien sicher umstellen müssen.

Verändern wird sich an mir bestimmt

Ich werde vielleicht mehr Mut bekommen, mein eigenes Ding
zu machen, weil das Jahr in Indien schon ein eigener Weg
ist, den ich gehe. Ich werde ein bisschen mehr wissen, was
ich noch kann, und das dann hoffentlich auch anwenden.
Ich werde auf eine andere Art betroffen sein. Ich werde Zusammenhänge in der Welt anders verstehen, vielleicht mehr
Gemeinsamkeiten entdecken zwischen mir und Menschen,
die wir »die Armen« nennen, statt immer nur die Kluft zu
sehen. Vielleicht überwinde ich das Denken in Kategorien.

Lernen möchte ich

Weniger nachzudenken, manchmal einfach mehr zu leben.

Familie bedeutet mir

Die Menschen in meiner Familie sind wichtige Begleiter für mein Leben, weil mich niemand so kennt wie sie. Gleichzeitig bin ich nicht auf die Art mit meinen Eltern verbunden, dass ich sie meine Freunde nennen würde, wie andere das tun. Ich weiß, dass sie immer für mich da sind, dass sie Anteil nehmen, aber wir sind nicht so extrem ineinander verwoben. Ich denke, das wird mir im kommenden Jahr helfen.

Armut ist

Wenn etwas Wesentliches zum Glücklichsein oder zum sorgenlosen Leben fehlt. Man kann ja auch freiwillig arm leben. Aber wenn man nicht teilhaben kann, obwohl man das gerne würde, dann ist das für mich Armut.

Glauben bedeutet

Eine unerschütterliche Hoffnung zu haben bei Gott. Dass er die Welt jenseits von allem Sichtbaren trägt. Glaube bedeutet für mich auch, dass ich mich zubewege auf das Beste, das noch kommt im Leben.

Freiheit bedeutet

Das zu leben, was in mir angelegt ist, und daran festzuhalten, egal ob es jemand von mir erwartet oder nicht.

Glück ist

Etwas, das so über mich kommt. Ein Geschenk, nichts, das ich mir erarbeiten müsste. Natürlich hängt Glück auch vom eigenen Handeln ab, aber im Endeffekt bekommt man es geschenkt.

Ein besonders schöner Moment in meinem Leben bisher war

Sehr bewegend war für mich der Tag, an dem ich mich für das Freiwilligenjahr entschieden habe. Denn da lag ein Jahr der Suche hinter mir, und wenn dann plötzlich die Entscheidung klar ist, dann ist das eine große Entlastung und das fühlt sich sehr gut an.

Das gebe ich den anderen Freiwilligen mit auf ihren Weg

Ich wünsche ihnen Gelassenheit, diesen Weg zu gehen und anzunehmen, was kommt. Dass sie akzeptieren können, dass das Schwere und das Leichte zu unserem Weg dazugehören. Und ich wünsche ihnen sehr, dass sie spüren, dass sie auf diesem Weg nie alleine sind.

Das gebe ich mir selbst mit auf den Weg

Dass ich Geduld haben sollte mit mir selbst. Und dass es auch in Ordnung ist, wenn etwas nicht meinen Erwartungen entspricht, oder wenn ich mal abgelehnt werde oder schlecht drauf bin. Ich möchte mich immer wieder an die Klarheit erinnern, mit der ich mich für dieses Jahr entschieden habe.

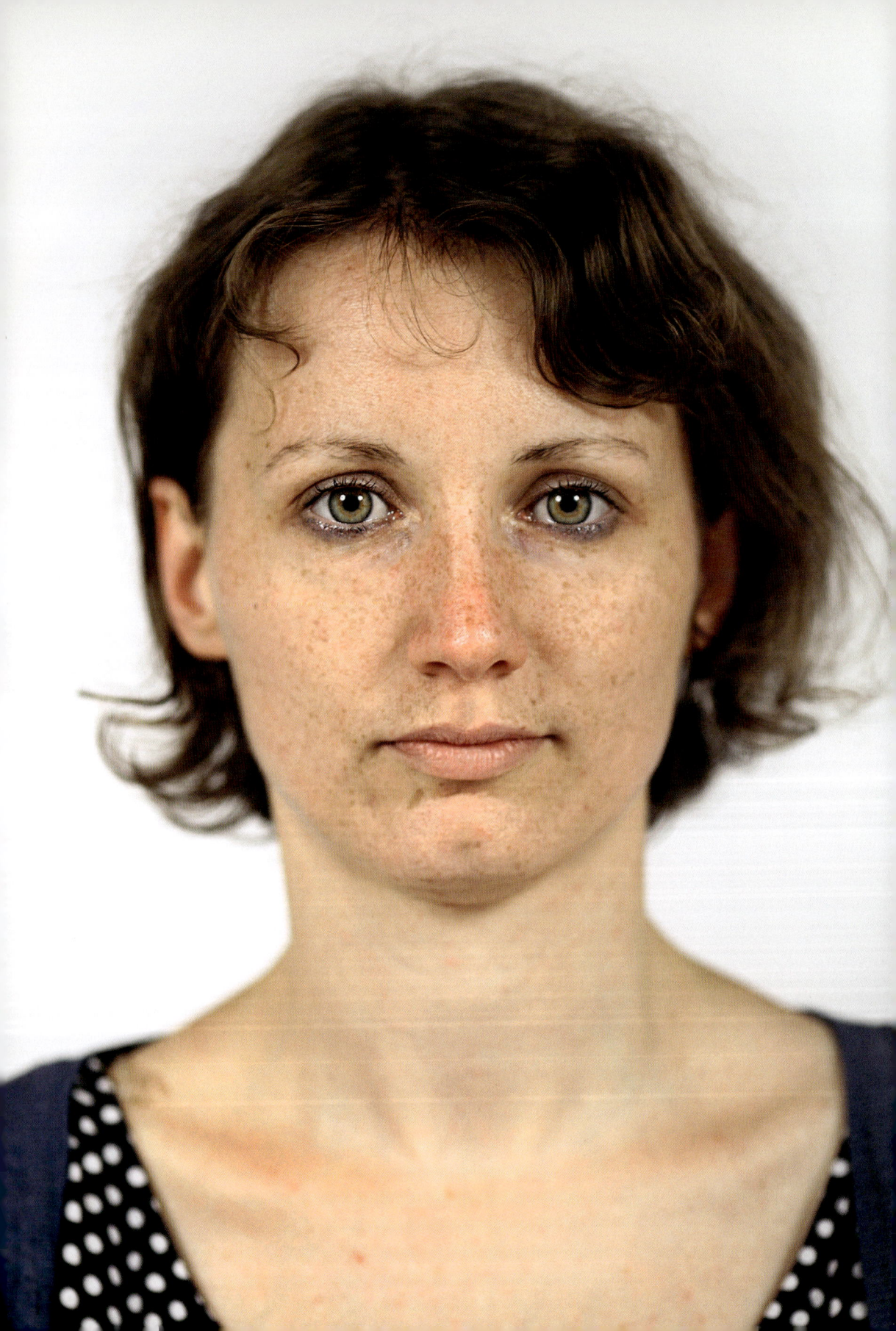

Katharina Meichsner

Nach der Rückkehr

Das kann ich besonders gut
Die Individualität von Menschen sehen, das Leben in ihnen fördern, mich auf unterschiedliche Menschen und Gegebenheiten einstellen, Singen, Tanzen.

Diese Eigenschaft an mir ist besonders wichtig
Offenheit; das Gute in Menschen sehen; dass ich nach Gott suche.

Meine größte Schwäche ist
Zu viel denken und manchmal Unentschiedenheit und Unordnung.

Das macht mich glücklich
Etwas Sinnvolles zu tun mit oder für Menschen, mich ausgeglichen und ausgeschlafen zu fühlen, Schönes zu genießen wie Natur, Musik, Essen, Filme.

Das macht mich traurig
Dass viele Menschen nur an sich denken und dabei trotzdem nicht glücklich sind.

Das macht mich zufrieden
Meinen Platz im Leben gefunden zu haben. Leben im Einklang mit der Natur und so weit es geht, mit den Menschen, denen es nicht so gut geht. Die Seele baumeln lassen, entspannen. Gute Beziehungen.

Das macht mich wütend
Wenn Großkonzerne und Entscheidungsträger von Geldgier und Streben nach eigenem Vorteil geprägt sind. Dass die Technik und Medien uns von innerer Einkehr und wahren Begegnungen immer mehr wegbringen. Wenn Menschen, die genügend Geld haben, nur die allerbilligsten Lebensmittel und Klamotten kaufen. Diese »Nach mir die Sintflut«-Einstellung.

Das hat mir das vergangene Jahr gebracht
Gott hat mir wieder etwas mehr gezeigt, was ich kann beziehungsweise was ich mir zutrauen kann und wie wenig ich zum Glücklichsein brauche. Ich glaube, in mir ist auch einiges heil geworden. Ich bin gelassener, aber auch entschiedener geworden. Ich beziehe mehr Stellung. Ich habe neue Freunde gefunden.

Diese Angst musste ich überwinden
Angst vor Krankheiten. Und Angst, nicht mehr in diese gesättigte Welt zu passen.

Das erwarte ich vom kommenden Jahr
Dass mir klar wird, was meine Berufung ist. Wo und wie ich Gott am besten dienen kann.

Das habe ich mitgebracht
Ein noch offeneres und liebenderes Herz für die Welt mit ihren Menschen, Schönheiten und Problemen. Ich habe auch wieder mehr über mich erfahren, was ich gut kann, dass ich zum Beispiel ziemlich problemlos in einer anderen Kultur leben kann. Ich habe auch Sehnsucht nach der Welt und anderen Kulturen und Menschen mitgebracht.

Das habe ich zurückgelassen
Viele liebe Menschen; das Gefühl, dass Zeit und Leistung eine untergeordnete Rolle spielen. Das Gefühl, am richtigen Platz zu sein und viel Liebe geben zu können. Und auch viel Wärme.

Liebe ist mir begegnet in
Ganz vielen Menschen. Vor allem in den Mädchen in meinem Internat. Sie haben an allem Anteil genommen und nahmen auch meine Liebe dankbar an. Wo auch immer ich hinkam, ist mir eine sehr beeindruckende und schlichte Gastfreundschaft begegnet. Wenn du einen Menschen in Indien kennst, kennst du seine ganze Familie.

Verändert hat sich an mir
Meine Betroffenheit. Ich bringe es zum Beispiel nur noch als letzten Ausweg über das Herz, bei herkömmlichen Klamottenketten zu kaufen. Ansonsten suche ich Alternativen; in München kann man da gut fündig werden. Auch habe ich viel mehr Interesse an anderen Kulturen. Außerdem bin ich gerade dabei, viele überflüssige Dinge, die ich nicht brauche, auszumisten und zu verschenken. Mein Lebensstil ist noch einfacher geworden.

Gelernt habe ich

Weniger zu urteilen, mich selbst weniger wichtig zu nehmen, meinen Alltag gelassener und entspannter zu verbringen.

Überrascht hat mich

Dass ich während des Jahres außer Stille nichts vermisst habe.

Bestürzt hat mich

Dass Kinder in Indien noch häufig geschlagen werden, vor allem in der Schule zum Beispiel bei schlechten Leistungen; dass die Regierung viel zu wenig gegen die Armut tut und viel Willkür herrscht.

An der Ankunft war schön

Dass meine Familie mich abgeholt hat und alles so vertraut war.

Familie bedeutet mir

Ein ständiger, zuverlässiger Begleiter.

Gutes tun bedeutet

Großes Glück, Erfüllung, an der Seite von Gott zu stehen.

Armut ist

Befreiend, wenn selbst gewählt, ansonsten ein Zustand, der meistens ungerecht ist und geändert werden könnte, wenn der Wille da wäre und alle mitmachten.

Luxus ist

Am richtigen Ort zu sein, meine Berufung herauszufinden und zu leben. Sich hin und wieder was im Alltag zu gönnen, wie einen Kaffee, ein Eis oder Blumen.

Glauben bedeutet mir

Die Quelle im Leben, die unabhängig ist von der Welt. Glaube ist für mich ein ganz großer Halt, eine ganz große Freude und Orientierung.

Freiheit bedeutet

Meinen eigenen Weg zu gehen, authentisch zu handeln und mich sicher zu fühlen.

Heimat ist

Dort, wo man mit Menschen verbunden ist.

Heimweh ist

Sehnsucht nach Vertrautheit, nach Fallenlassen, nach Verstanden werden. Ich verspüre es nur selten, weil ich zum Glück recht gegenwärtig am jeweiligen Ort sein kann.

Einsamkeit ist

Kein schönes Gefühl. Der Mensch ist nicht zum Allein sein da. Ich bin gerne alleine und fühle mich zum Glück nicht oft einsam. Ich weiß aber, dass ich auf die Dauer nicht allein leben möchte, weil Beziehungen bereichernder sind.

Sprache ist

Manchmal unabdinglich und verbindend. Mir ist der Wert von Englisch aufs Neue bewusst geworden, weil das viele Menschen zumindest ein bisschen sprechen. Man braucht aber keine Sprache, um festzustellen, ob man mit einem Menschen auf einer Wellenlänge ist und um Liebe zu transportieren. Gerade in unserer verkopften Welt hilft die Sprachlosigkeit, andere Sinne wieder zu beleben.

Glück ist

Sinnvoll zu leben.

Das gebe ich den anderen Freiwilligen mit auf den weiteren Weg

Lasst euch ganz auf das ein, was euch begegnet. Urteilt nicht. Habt Geduld, geht mit Gott.

Das gebe ich mir selbst mit auf den Weg

Ich möchte weiterhin authentisch meinen Weg gehen und sensibel dafür bleiben, was mir und anderen zu mehr Leben verhilft.

Viola Katharina Fricke

Jahrgang 1994
Abiturientin
Preußisch Oldendorf

Einsatzland Bosnien
Mitarbeit in einem Jugendheim für
Vollwaisen und Sozialwaisen in Tuzla

Das kann ich besonders gut

Musik machen, vielleicht auch Englisch. Ansonsten bin ich
ein sehr logischer Mensch. Ich gehe viel mit dem Verstand an
und versuche, die Welt rational zu verstehen. Andererseits bin
ich auch ein gefühlvoller Mensch und oft einfach überwaltigt
von Eindrücken. Ich bin auch empathisch, fühle und fiebere
mit. Diese Mischung bei mir gefällt mir sehr gut.

Meine größte Schwäche ist

Ich bin manchmal etwas zu vehement und dominant im
Umgang mit Menschen – auch in Diskussionen. Und manch-
mal bin ich auch etwas voreilig bei meinen Standpunkten.
Allerdings denke ich dann oft im Nachhinein darüber nach.
Das tut mir dann gut. Aber in aktiven Diskussionen ist es eher
hinderlich und manchmal auch ein bisschen abschreckend.

Das macht mich traurig

Wenn ich mich alleine fühle. Das kommt öfter vor. Ich hoffe,
dass ich das in meinem Freiwilligenjahr ändern kann. Im
Moment habe ich so ein Gefühl von Heimatlosigkeit. Das
kommt immer wieder auf, weil ich mich mit manchen Menschen, mit denen ich bisher viel zu tun hatte, nicht mehr so
wohlfühle. Dadurch ist es im Moment manchmal ein bisschen bodenlos bei mir.

Das macht mich zufrieden

Ein gutes Buch, Weintrauben mit Käse und dann ein bisschen Zeit, in der ich mich zurückziehen kann.

Vom nächsten Jahr erhoffe ich

Meinen eigenen Weg zu finden und ihn auch wirklich zu
beginnen. Das behütete Umfeld der Schule hinter sich zu lassen und Arbeitserfahrung zu sammeln. Ich glaube, dass ich
ganz gut auf eigenen Füßen stehen kann, aber das möchte
ich mir nun auch praktisch beweisen. Ich hoffe auf neue
Erfahrungen und Begegnungen, wünsche mir Anreize zum
Perspektivenwechsel. In Bosnien leben viele Muslime und or-
thodoxe Serben Haus an Haus mit katholischen Kroaten. Ich
glaube, da kann man viele neue Sichtweisen, Lebensweisen
und Inspiration bekommen.

Vom nächsten Jahr befürchte ich

Dass ich mich überfordert fühlen könnte, dann ziehe ich
mich zurück. Ich versuche dann nicht, Probleme zu lösen,
sondern werde eher passiv. Aber ich hoffe, dass der Aufbruch,
der Kontakt zu neuen Leuten und die neuen Freiheiten das
verhindern.

Das nehme ich unbedingt mit

Meine Geige. Musik hat für mich immer bedeutet, Menschen
zu treffen, mich auszutauschen, Stücke neu auszuprobieren.
Das erwarte ich auch von meinem Freiwilligenjahr: Altes zu
überdenken, Neues auszuprobieren, das ist dann auch Heimat für mich.

Vermissen werde ich

Meinen Vater, weil er mich zu vielem inspiriert. Er ist ein stil-
ler Mensch, tiefgründig, viel beschäftigt, aber er kann sich
begeistern und hat das auch immer an mich weitergegeben.
Das geschah oft bei Autofahrten. Er hat mir dann von der
Französischen Revolution, neuen Entdeckungen in der Bio-
chemie oder Plattentektonik erzählt, und das hat mir schon
als kleines Mädchen gefallen. Das war immer wieder ein tolles Erlebnis, das werde ich wahrscheinlich in meinem ganzen
Leben so nicht mehr haben.

Verändern wird sich an mir bestimmt

Ich bin sehr »outgoing«, laut, aktiv, auch in Gruppen. Manche kommen damit gut klar, manche weniger gut. Im neuen
Land wird das aber ganz anders sein. Ich kann die Sprache
noch nicht richtig, kann keine Diskussionen führen, keine
Witze reißen, ich werde lernen müssen, auf ganz andere Art
auf Menschen zuzugehen. Und ich denke, das wird sich auch
nachhaltig in meiner Persönlichkeit festsetzen.

Familie bedeutet mir

Im Moment bin ich nicht sehr familienverbunden, weil ich
mit der Art und Weise, wie meine Familie lebt und welche
Ansichten sie vertritt, nicht klarkomme. Deswegen gibt es

für mich meine biologische Familie und Menschen, bei denen ich mich wie in einer Familie fühle. Zum Beispiel bei meiner Geigenlehrerin und auch bei ein paar Freunden, die ich gar nicht häufig sehe, die aber für mich da sind. Bei diesen Menschen habe ich mir schon so viele Fehltritte geleistet, Rotz und Wasser geheult, aber auch so viel Schönes erlebt, dass ich mich wirklich zuhause fühle. Meine Familie habe ich auch lieb, aber ich bin froh, mich von ihr auch abgrenzen zu können.

Glauben bedeutet mir

Ich bin zwar gemeindenah aufgewachsen – mein Opa war Pastor, ich habe also viel christliches Wissen –, trotzdem fühle ich mich in Glaubensfragen noch ganz am Anfang. Und ich möchte mich damit auch auf einem höheren Niveau beschäftigen. Vielleicht nach der Heimkehr sogar an der Uni. Denn ich merke, dass diese Fragen für mich eine große Rolle spielen, dass ich aber meine Standpunkte noch nicht gefunden habe.

Sprache ist

Ein tolles Mittel, kreativ zu sein. Ich schreibe auch gerne, tausche mich gerne aus. Und ich finde es toll, neue Sprachen zu lernen, weil man dann neue Ausdrucksmöglichkeiten gewinnt. Manche Dinge kann man nur in einer bestimmten Sprache sagen. Und ich finde, wenn man die Hintergründe einer Sprache verstanden hat und fühlen kann, versteht man auch die Menschen besser. Im Französischen heißt es zum Beispiel: *Le mal du pays* – die Krankheit des Landes, der Heimat, im Deutschen sagt man Heimweh, das drückt ja unterschiedliche Dinge aus.

Glück ist

Ein ganz intensives Gefühl von Freude, in dem man aufgehen kann. Alles andere tritt dann in den Hintergrund.

Das gebe ich den anderen Freiwilligen mit auf ihren Weg

Ich glaube, es wird wichtig sein, bei aller Offenheit immer wieder zu sich zurückzukommen und auch Kontakt zu Menschen außerhalb des Projekts zu suchen, sich ein soziales Netz aufzubauen. Alle gehen ja jetzt total motiviert in ihre Projekte, aber den Blick für das Außen muss man sich auch bewahren.

Das gebe ich mir selbst mit auf den Weg

Wirklich offen zu sein für Bosnien und erst mal ein wenig zu schnuppern, nicht gleich ins Laienorchester einzutreten und mir die gewohnten Hobbies aufzubauen, sondern ohne festgelegte Erwartungen zu schauen, was sich vor Ort entwickelt.

Viola Katharina Fricke

Nach der Rückkehr

Das kann ich besonders gut
Ich kann mich gut für Dinge begeistern und Leuten offen und vor allem mit Liebe begegnen, das hat mir auch im Waisenheim sehr geholfen.

Meine größte Schwäche ist
Ich kann mich selbst nicht disziplinieren und mir nur schwer etwas Gutes tun.

Das macht mich traurig
Ich bin häufiger wütend oder frustriert. Traurigkeit ist ein Gefühl, das ich vor langer Zeit weggesperrt habe. Ich habe aber so eine kleine Macke: In guten Gottesdiensten fange ich immer an zu heulen. Das ist so ein Moment, in dem ich wirklich traurig bin, das kommt dann hoch, aber ich kann nicht sagen, warum.

Das macht mich zufrieden
Eine Tasse Kaffee nach der Arbeit auf dem Balkon.

Das macht mich wütend
Menschen, die sich nicht erlauben, sie selbst zu sein. Oder die unzufrieden mit sich selbst sind und das an anderen auslassen.

Das hat mir das vergangene Jahr gebracht
Dass ich von meinen Eltern finanziell unabhängig war und relativ frei in der Gestaltung meines Lebens. Das ist für mich gesund. Außerdem habe ich beeindruckende Menschen kennengelernt und durch den persönlichen Kontakt, durch Sprache und geteilten Alltag noch besser verstanden, wie es ist, als Ausländer in einem fremden Land zu leben.

Diese Angst musste ich überwinden
Ich glaube, die muss ich immer noch überwinden, diese Angst davor, zu versagen, Dinge in Angriff zu nehmen und

zu wissen, dass ich dafür meinen inneren Schweinehund überwinden muss.

Vom nächsten Jahr erhoffe ich mir
Dass ich es beibehalten kann, meinen Alltag so gut zu organisieren. Ich möchte jetzt aber erst mal etwas Neues beginnen. Ich werde nach Freiburg gehen, Islamwissenschaften und Psychologie studieren und mir wieder eine Basis aufbauen. Dann möchte ich die Erfahrungen des vergangenen Jahres wieder hervorholen und in meinen Alltag einbauen. Noch ist das alles zu frisch.

Das habe ich mitgebracht
Eine Kaffeekanne, in Bosnien ist Kaffeetrinken ganz wichtig. Man macht das spontan, sitzt dann meistens ewig zusammen und quatscht. Ich bin total kaffeesüchtig geworden. Darin liegt so eine Gelassenheit, so eine Ruhe, so eine andere Art, das Leben anzugehen, die mir in Deutschland gefehlt hat.

Das habe ich zurückgelassen
Ein Zuhause. Mit den Jungs im Waisenhaus habe ich mich so zuhause gefühlt wie schon lange nicht mehr. Das ist so ein Gernhaben, ein Lieben, das man nicht richtig greifen kann.

Verändert hat sich an mir
Ich glaube, ich bin ein bisschen ruhiger geworden. Ich habe aber auch gemerkt, dass ich Schwierigkeiten habe, mein offenes ehrliches Ich zu zeigen. Ich habe das irgendwo in einer Kugel eingesperrt und kann das nicht so richtig rauslassen, das war schon vor Bosnien so, weil ich schlechte Erfahrungen gemacht habe, wenn ich versucht habe, das mit anderen zu teilen. Und wenn nun Beziehungen zu Menschen etwas intensiver werden, dann schließe ich es nur noch weiter weg. Das ist mir in diesem Jahr ganz bewusst geworden. Ich ärgere mich darüber und würde es gerne ändern, aber das kann man natürlich nicht erzwingen.

Gelernt habe ich
Die bosnische Sprache, bosnische Volksmusik zu spielen, meinen Alltag besser zu managen.

Überrascht hat mich
Dass im ersten halben Jahr die Integration in Bosnien für mich gar nicht die wichtigste Rolle gespielt hat, sondern die Integration in der WG. Auf Bosnien war ich vorbereitet. Ich wusste, ich muss die Sprache lernen. Ich wusste, ich habe keine Ahnung von der Arbeit. Ich wusste, ich muss einfühl-

sam, empathisch, vorsichtig, und keine Ahnung was alles noch sein. Aber eigentlich dachte ich, ein unkomplizierter Mensch zu sein, der mit jedem klarkommt, gerade mit Personen, die eigentlich ganz nett sind. Das habe ich jedoch vollkommen unterschätzt, und das hat mich überrascht.

Bestürzt hat mich

Dieses Gefühl von wirklicher Aussichtslosigkeit in Bezug auf bosnische Politik oder auf die Situation im Waisenheim. Das hat mich einige Monate wirklich beschäftigt, ich musste ständig darüber reden, es hat mich frustriert und wütend gemacht.

Der Abschied fiel mir schwer von

Meinem neuen Zuhause mit allem Drum und Dran.

An der Ankunft war schön

Ich bin von Bosnien aus direkt zu einer Musikfreizeit gefahren. Das war etwas, das ich wirklich vermisst habe, dieses Orchesterspielen, diese Art von Musik. Ich war sofort wieder in einer Gruppe von Leuten, die ich gut kannte, und dann hab ich erfahren, dass ein Kumpel von mir auch in Freiburg studieren wird, und jetzt werde ich unter anderem mit ihm in eine WG ziehen. Das ist so eine Aufgehobenheit, die ich mit nach Freiburg nehmen kann, das ist mir viel wert.

Gutes tun bedeutet

Etwas mit Liebe tun.

Armut ist

Aufgrund von materieller Armut seine Wünsche und Kompetenzen nicht nutzen zu können.

Glauben bedeutet mir

Viel, aber ich muss mich noch sehr mit meinem eigenen Glaubensweg auseinandersetzen. Also ich bin schon Christin und werde es auch bleiben – trotz Islamwissenschaftsstudium, da bin ich mir ziemlich sicher –, aber ich würde es gerne mehr in meinen Alltag einbauen und mich wissenschaftlich damit auseinandersetzen. Mal schauen, welche Möglichkeiten sich da in Freiburg ergeben werden.

Sprache ist

Eine Erweiterung des Geistes. Jede Sprache sagt andere Dinge, das finde ich unglaublich spannend. Man denkt in jeder Sprache anders, das bereichert einen und fordert das Gehirn.

Glück ist

Sich mit sich selbst im Einklang zu fühlen, wenn man alle Zweifel, alle Barrikaden ablegen, man selbst sein und das mit Menschen teilen kann.

Das gebe ich den anderen Freiwilligen mit auf den weiteren Weg

Das ist schwer, die anderen haben ja ganz andere Erfahrungen gemacht. Ich denke aber, dass es wichtig ist, die Liebe zu den Menschen, die man kennengelernt hat, nicht zu vergessen, egal was man erlebt hat.

Das gebe ich mir selbst mit auf den Weg

Dasselbe (lacht). Und ich möchte nicht vergessen, was ich über mich selbst gelernt habe, was mich prägt. Und ich möchte nun bewusst erleben, wie sich meine Rollen im Leben verändern.

Florian Buscher

Jahrgang 1994
Abiturient
Worms

Einsatzland Peru
Mitarbeit im schulischen und freizeit-
pädagogischen Bereich eines Projekts für
arbeitende Kinder und Jugendliche in
Piura

Das kann ich besonders gut
Sport! Handball, aber auch Fußball und Eishockey, eigentlich alles.

Diese Eigenschaft an mir ist besonders wichtig
Dass ich unter Stress ruhig bleiben kann.

Meine größte Schwäche ist
Meine Unpünktlichkeit, aber das wird in Peru nicht so
schlimm sein.

Mein Held / Heldin ist
Oliver Kahn. Ich hab ein Buch von ihm gelesen. Er kann
unglaublich gut motivieren.

Das macht mich glücklich
Zeit mit meinen Freunden zu verbringen und Spaß zu haben.

Das macht mich traurig
Erfahrungen aus der Jugendgruppe zum Beispiel. Wenn man
erlebt, dass ein Kind aggressiv zu anderen ist und man das
erst nicht versteht, dann aber hört, dass es aus einer schwierigen Familie kommt, in der der Bruder schon im Knast ist
und die Eltern schon lange nicht mehr zusammenwohnen.
So etwas ist schwer für mich.

Das macht mich zufrieden
Wenn ich es geschafft habe, etwas zu machen, das ich mir
schon lange vorgenommen habe.

Das macht mich wütend
Ausgrenzung und Ignoranz.

Vom nächsten Jahr erhoffe ich
Viele spannende Erfahrungen, viele Leute kennenzulernen
und in dem Projekt ein Stück weiterhelfen zu können.

Vom nächsten Jahr befürchte ich
Dass es auf jeden Fall auch mal Zeiten geben wird, die nicht
so gut werden. Vielleicht in der Anfangsphase, wenn man sich
nicht so gut einfinden kann.

Das nehme ich unbedingt mit
Auf jeden Fall ein Tagebuch.

Das lasse ich gern zurück
Den Stress, den ich mir manchmal wegen irgendwelcher
Sachen mache.

Dieses Buch nehme ich auf jeden Fall mit
»Ich. Erfolg kommt von innen« von Oliver Kahn.

Vermissen werde ich
Meine Freunde und Familie.

Weihnachten erwarte ich
Etwas komplett Anderes als zuhause. Es wird ja zum Beispiel
sehr warm sein. Da bin ich mal gespannt.

Für meinen Geburtstag wünsche ich mir
Dass meine Freunde in Deutschland noch an mich denken.

Verändern wird sich an mir bestimmt
Das Verantwortungsbewusstsein wird sich sicher ändern und
dass ich vielleicht offener auf Leute zugehen kann, weil ich
es in Peru wahrscheinlich auch oft tun muss.

Lernen möchte ich
Mit fremden Menschen besser umzugehen und einfühlsam
zu sein, wenn sie Probleme haben.

Der Abschied fällt mir schwer von
Freunden, Familie, meinen Großeltern. Vom Handballverein,
der Feuerwehr, der katholischen Jugend.

Familie bedeutet mir
Nähe und Offenheit für persönliche Anliegen.

Gutes tun bedeutet
Anderen Menschen zu helfen, wenn es ihnen schlecht geht.

Armut ist

Nicht unbedingt etwas Materielles. Man kann auch viel Geld haben und arm sein. Es geht nicht nur um Geld, sondern auch ums soziale Umfeld.

Luxus ist

Das Gegenteil von dem, was ich gerade gesagt habe. Wenn man gut integriert ins soziale Umfeld ist und das Nötigste wie Nahrung und fließendes Wasser hat.

Glauben bedeutet mir

Auf jeden Fall eine wichtige Stütze, an die man sich immer halten kann. Auch wenn man lange nicht gebetet hat, kann man immer drauf zurückkommen.

Freiheit bedeutet

Dass ich die Chance habe, in die Schule zu gehen, zu studieren und zu machen, was ich will.

Heimat ist

Ein Ort, an den man immer zurückkehren kann, an dem es immer Leute gibt, mit denen man reden kann und wo es etwas zu tun gibt.

Heimweh ist

Das Gefühl, dass man etwas stark vermisst und die Angst, dass es danach nicht mehr so ist, wie es davor war.

Glück ist

Ein schönes Gefühl, das man haben kann, wenn man etwas erreicht hat.

Ein besonders schöner Moment in meinem Leben bisher war

Als wir nach dem Abitur noch zusammengesessen und eine Nacht lang gefeiert haben. Das fällt mir so spontan ein.

Ein besonders schwieriger Moment in meinem Leben bisher war

Von der Krankheit meines Opas zu erfahren. Zu hören, dass er Krebs hat.

Das gebe ich den anderen Freiwilligen mit auf ihren Weg

Dass sie auf jeden Fall viel Spannendes erleben werden, sich hoffentlich integrieren können, sich wohlfühlen und danach das Gefühl haben, für sich selbst etwas erreicht zu haben. Ich hoffe, dass sie in ihren Projekten einfach glücklich sind.

Das gebe ich mir selbst mit auf den Weg

Viel Kraft für Zeiten, in denen es nicht so gut läuft.

Florian Buscher

Nach der Rückkehr

Das kann ich besonders gut
Mit Kindern Sport machen und zuhören.

Diese Eigenschaft an mir ist besonders wichtig
Gelassenheit.

Das macht mich wütend
Vorurteile, Lügen. Wenn man in einer Gruppe ist und jemand nicht mitzieht, Ungeselligkeit.

Das hat mir das vergangene Jahr gebracht
Ich bin offener geworden. Das musste ich in Peru sein, an der Herausforderung bin ich gewachsen. Am Anfang war es nicht leicht, ohne Sprache vor so vielen Kindern zu stehen und sich Autorität zu erarbeiten. Das hat mir Selbstvertrauen gebracht.

Vom nächsten Jahr erhoffe ich mir
Dass ich das Jahr in Peru nicht vergesse. Und dass ich mich weiterentwickle, dass nicht aufhört, was in Peru begonnen hat. Ich werde in Marburg Sport und Spanisch auf Lehramt studieren. Vor dem Jahr wollte ich Sport, Erdkunde und Französisch machen, aber jetzt hat Spanisch mein Französisch komplett verdrängt.

Das habe ich mitgebracht
Viele neue Freunde, Lust aufs Studieren, Lust aufs Lernen nach einem Jahr praktischer Arbeit.

Das habe ich zurückgelassen
Meinen Pyjama. Und viele gute Freunde. Ich hoffe, dass ich die irgendwann nochmal wiedersehe. Vielleicht habe ich auch in den Projekten etwas zurückgelassen, das den anderen jetzt Mut gibt weiterzumachen.

Vermissen werde ich
Die Sonne, die vielen Herzlichkeiten der Leute. Die Peruaner gehen so offen mit einem um, man kommt so leicht ins Gespräch, wird auf der Straße direkt gefragt: Wie geht's? In Deutschland sind die Menschen viel verschlossener.

Weihnachten habe ich so gefeiert
Wir sind mit einem Jesuitenpfarrer im Jeep aufs Land gefahren und haben im Dorf eine Messe für Kinder gefeiert. Danach hat mich ein Freund mit zu seiner Familie genommen, wir haben gegessen und sind danach noch etwas Trinken gegangen. In Peru wird das alles nicht so zelebriert, man isst zusammen, da ist nicht so eine Weihnachtsstimmung, auch weil es so heiß ist. Nur in den Einkaufzentren begegnet einem das kommerzielle Weihnachten.

An meinem Geburtstag habe ich
Gearbeitet, Sport gemacht und danach was mit Freunden getrunken.

Liebe ist mir begegnet in
Vielen Mitmenschen, bei Freunden, die ich in Peru gefunden habe, auch bei den Leuten, mit denen ich gearbeitet habe.

Verändert hat sich an mir
Äußerlich erst mal nichts. Aber ich bin offener geworden, da hat Peru abgefärbt. Ich komme jetzt leichter mit anderen ins Gespräch, bringe mich auch ein. Früher habe ich eher gedacht, ich höre mal ein bisschen zu, was die anderen sagen.

Überrascht hat mich
Dass die Leute mit so wenig glücklich sind. In Deutschland hat man ein ganz anderes Bild von der Armut, man sieht immer nur das Leid. Aber die Menschen sind auch glücklich, selbst wenn sie unter schlimmen Bedingungen leben müssen.

Bestürzt hat mich
Die Gewalt in Peru, wie Männer sich Frauen gegenüber verhalten, das Machosein. Es ist doch oft so, dass die Frau in Peru zuhause ist, arbeitet und die Männer abends manchmal betrunken nach Hause kommen und die Frauen schlagen. Wenn man das miterlebt in den Straßen, dann auch die Kinder sieht, das ist schon schwierig.

Der Abschied fiel mir schwer von
Besonders von meiner Arbeit im Gefängnis, weil ich da eine ziemlich gute Beziehung zu den Gefangenen aufgebaut habe. Generell ist Abschied schwer, wenn ungewiss ist, wann man wiederkommt.

An der Ankunft war schön

Dass viele Freunde auf mich gewartet haben. Und als wir zuhause waren, hat meine Mutter gleich ein gutes Essen gemacht.

An der Ankunft war schwer

Ich fand es stressig in den ersten zwei Wochen, dass jeder gefragt hat: Wie war's? Natürlich hat das seine Berechtigung, aber das wurde dann doch viel. Wir hatten so ein Volksfest in Worms, neun Tage lang. Da gehen wir normalerweise richtig gerne hin, jeden Tag, aber diesmal wurde es mir schon am dritten Tag zu viel. Es ist so schwer, all seine Erfahrungen in Worte zu fassen. Man will ja auch nicht zu ausführlich werden, aber kurz kann man das eben nicht beschreiben.

Gutes tun bedeutet

Etwas aufzubauen und dazulassen, wenn man geht. Man kann Leute auch in kleinen Momenten glücklich machen. Man muss sich kein Denkmal bauen. Ich war glücklich, wenn ich einfach mit Kindern gespielt habe. Ich musste in Peru keine Erfolg nachweisen, einfach ein bisschen Spaß weitergeben, das war schon ein Erfolg.

Armut ist

Nach dem Jahr in Peru halte ich soziale Armut für schlimmer als materielle. Ich habe Menschen erlebt, die wenig hatten und trotzdem glücklich waren, aber mit Ausgrenzung leben zu müssen, ist schwer.

Glaube ist

Etwas, auf das man immer zurückkommen kann, auch wenn man seinen Glauben mal eine Weile nicht so intensiv praktiziert hat. Man kann sich daran immer festhalten.

Freiheit bedeutet

Nicht abhängig zu sein, machen zu können, was man möchte. Dass ich nun zum Beispiel aussuchen kann, was ich studieren möchte, dass ich dafür nicht bei meinen Eltern schuften muss, dass ich bestimmen darf, was ich mit meinem Leben anfangen möchte, das ist für mich Freiheit.

Glück ist

Am schönsten, wenn man es teilt.

Ein besonders schöner Moment in meinem Leben war bisher

Eigentlich ein trauriger: der Abschied von den Leuten im Gefängnis. Der hat mir gezeigt, dass wir eine richtige Beziehung zueinander aufgebaut hatten. Da fiel der Abschied schwer, aber das war auch schön.

Ein besonders schwieriger Moment in meinem Leben war bisher

Als ich aus Deutschland gehört habe, dass jemand schwer krank geworden ist, und ich war so weit weg. Da habe ich mich schon schuldig gefühlt, weil ich weggegangen bin. Damit bin ich nicht wirklich zurechtgekommen.

Das gebe ich den anderen Freiwilligen mit auf den weiteren Weg

Dass sie auf jeden Fall viel aus der Zeit mitnehmen sollen, alles, was sie gelernt haben. Dass sie es weiterführen und anderen davon erzählen sollen.

Das gebe ich mir selbst mit auf den Weg

Dass ich die nächste Zeit, das Studium, das jetzt auf mich wartet, genieße.

Julia Leimeister

Jahrgang 1994
Abiturientin
Weikersheim

Einsatzland Rumänien
Mitarbeit in einem Sozialzentrum für
Straßenkinder und einem Kinderheim
in Ploieşti

Diese Eigenschaft an mir ist besonders wichtig

Ich denke, dass ich recht bodenständig und zugleich tiefgründig bin. Sehr lebendig, aber auch ernst, je nachdem.

Meine größte Schwäche ist

Dass ich langsam bin und unstrukturiert. Das ist eine
schlechte Mischung, da kommt man nie zu Potte.

Mein Held / Heldin ist

Vor allem meine Eltern, die sind sehr unterschiedlich. Mein
Vater ist ruhig und akzeptiert, was man tut und wie man
ist, der nimmt alles gerne an. Meine Mutter ist Visionärin,
sie verändert gern. Von meinen Eltern bekomme ich sehr
unterschiedliche Dinge mit, beide sind wirklich tolle Menschen.

Das macht mich glücklich

Natur macht mich glücklich. Wenn ich Zeit habe, nicht nur
absichtlich zu meditieren, sondern einfach im Baum zu
hocken oder auf der Wiese zu liegen. Kinder machen mich
glücklich und in einer Gemeinschaft zu leben.

Das macht mich wütend

Wenn Menschen einander nicht gut begegnen. Schieflaufen
kann es zwischen Menschen immer mal, aber wenn es absichtlich schlecht läuft – das finde ich gar nicht gut.

Vom nächsten Jahr erhoffe ich

Dass ich in Rumänien viel mit den Menschen teilen kann,
dass ich lerne, mich auf die neue Situation vor Ort einzu-
stellen, mir einen Tagesrhythmus aufbaue und daraus auch
etwas dafür mitnehme, wie ich mein Leben gestalten werde.
Ich möchte Vorbilder unter Leuten finden, die nicht aus
Deutschland kommen, die nicht alle Abi haben, und von
ihnen Dinge lernen, die mich inspirieren.

Vom nächsten Jahr befürchte ich

Ich fände es sehr anstrengend, wenn ich ständig unter irgendeinem Druck stehen würde – selbstgemacht oder weil
Dinge von mir verlangt werden, die über meine Grenzen gehen. Als Dauerzustand macht mich das einfach kaputt. Ich
habe auch Angst, weil ich allein in ein Projekt gehe. Es wird
dort zwar andere Freiwillige geben, aber die kommen für
kürzere Zeit. Vor diesem Wechsel habe ich Angst, weil ich
eigentlich eine stetige Gemeinschaft um mich brauche. Auf
den Kontakt mit den Menschen vor Ort freue ich mich, Kon-
taktschwierigkeiten habe ich eigentlich nie.

Das nehme ich unbedingt mit

Einen Ring, den mir meine Mutter geschenkt hat. Für mich
ist er auch ein religiöses Symbol, ein Lebenskreis, der keinen Anfang und kein Ende hat, und der beim Gebet auch
eine Schale darstellen kann. Und ein Taizé-Büchlein, weil
ich gerne daraus singe.

Das lasse ich gern zurück

Zukunftsängste. Ich hoffe, dass es in Rumänien nicht so
streng strukturiert zugeht wie in Deutschland. Ich habe
mich auch für das Programm beworben, weil es mir ein
Jahr Auszeit schenkt: Alles ist geregelt, um mein Überleben
muss ich mir keine Sorgen machen. Ich habe zwar jeden Tag
meine Aufgaben, aber davon hängt meine Zukunft nicht ab.
So einen Luxus können sich nur die wenigsten leisten. Dafür
bin ich dankbar.

Vermissen werde ich

Meine Familie, den Hof, auf dem ich aufgewachsen bin, die
ganzen Leute dort, den Garten.

Für meinen Geburtstag wünsche ich mir

Dass von Zuhause angerufen wird oder ein Brief kommt. Und
wenn es in Rumänien üblich ist, eine kleine Feier auszurich-
ten, werde ich das natürlich machen.

Verändern wird sich an mir bestimmt

Ich werde wahrscheinlich lernen müssen, die Leitung von
etwas zu übernehmen. Ich helfe gerne und packe mit an,
aber Leitungsaufgaben habe ich eigentlich selten übernommen. Das kann sich nun ändern. Vielleicht gewinne ich da
an Selbstvertrauen.

Familie bedeutet mir

Sehr viel. Meine Familie hat mich bisher geprägt. Ich sage nicht so gern Erziehung, in meiner Familie läuft das mehr über Vormachen. Ich konnte mir daheim von vielen Personen etwas abschauen.

Gutes tun bedeutet

Unter Menschen eine gute Atmosphäre schaffen.

Armut ist

Zunächst etwas Materielles. Aber für mich ist Armut auch, wenn man nicht den Raum hat, über sich selbst nachzudenken oder spirituellen Tiefgang zu erleben.

Glauben bedeutet mir

Ich kann das nicht eng definieren. Allein, sich mit letztgültigen Fragen, mit der Sehnsucht nach Gott zu beschäftigen, ist für mich schon Glaube. Ich bin gespannt, welche Riten ich in der rumänisch-orthodoxen Kirche kennenlernen werde. Taizé-Lieder zu singen, werde ich weiter pflegen, weil in den Liedern ja Leitsätze stecken, die man meditativ wiederholt. Glaube gibt mir Ruhe. Aus der Ruhe kommt dann die Kraft, die Vitalität für das Leben.

Sprache ist

Für mich sehr wichtig, um mich selbst zu verstehen. Ich reflektiere gerne im Gespräch und natürlich versteht man auch andere nur durch Sprache. Ich mag es auch, den Rhythmus einer fremden Sprache aufzunehmen. Ich habe ja schon einen Austausch mit Chile gemacht und dort Spanisch gelernt, wenn ich den Rhythmus dieser Sprache höre, finde ich allein das sehr schön. Da knüpfen sich auch Erinnerungen dran. Sprache ist ein Medium für sehr unterschiedliche Dinge.

Glück ist

Wenn man etwas Unerwartetes bekommt, das einem gefällt. Und Glück ist für mich der Zustand der inneren wie äußeren Freiheit. Das Empfinden kann auch mal nur zwei Sekunden dauern, aber das ist dann schon so richtig Glück.

Ein besonders schöner Moment in meinem Leben bisher war

Mein Vater hat mich immer in die Grundschule gebracht. Einmal konnte er nicht und das hat mich diffus in Angst versetzt. Damals hat es angefangen zu nieseln und ich hatte plötzlich das Gefühl, dass ich von Gott behütet bin. Das hat mich mit dem Regen irgendwie sanft gestreichelt. Da war ich dann ganz beseelt und ruhig.

Ein besonders schwieriger Moment in meinem Leben bisher war

In der Schule bin ich mal eine Zeitlang gemobbt worden. Damit umzugehen, fand ich sehr schwierig und daran arbeite ich noch immer. Manchmal habe ich Angst, mich zu blamieren. Das blockiert dann meine innere Freiheit, das ist schon schlimm.

Das gebe ich den anderen Freiwilligen mit auf ihren Weg

Dass sie Vertrauen in sich selbst haben und es wirken lassen sollen.

Das gebe ich mir selbst mit auf den Weg

Eigentlich das Gleiche: In schwierigen Situationen Geduld mit mir selbst zu haben. Wenn ich Angst habe, das auszuhalten, und ansonsten alles aufzunehmen, was da ist.

Julia Leimeister

Nach der Rückkehr

Das kann ich besonders gut
Mittlerweile habe ich verdammt viel Geduld.

Meine größte Schwäche ist
Dass ich immer mal wieder Energietiefs habe. Dann möchte ich in Ruhe gelassen werden und am liebsten schlafen.

Das macht mich traurig
Stereotype, Rassismus, wenn Leute sich ohne Grund hassen, nur weil sie Vorurteile haben.

Das macht mich zufrieden
Zufriedenheit ist immer abhängig von den eigenen Erwartungen. Wenn ich mir etwas vornehme und es läuft gut, dann bin ich zufrieden.

Das hat mir das vergangene Jahr gebracht
Ich habe mich bewusst und alleine entschieden, beim ersten Projekt aufzuhören, weil ich die Strukturen dort nicht in Ordnung fand. Es widerstrebt mir, wenn mit Menschen diktatorisch umgegangen wird. Das wollte ich ab einer bestimmten Stelle nicht weiter unterstützen. Mit so etwas hatte ich nicht gerechnet. Und dann habe ich zum ersten Mal in meinem Leben bewusst und konsequent gegen den Plan entschieden, den ich eigentlich hatte. Das war ungewöhnlich, weil ich mich sonst mit vielem abfinden kann, ich brauche zum Beispiel nicht viel Komfort. Aber plötzlich musste ich entscheiden, ob ich heim will, musste das mit vielen Leuten durchsprechen und in mich hineinfühlen. Das war wichtig. Das hat mir sicher etwas gebracht, wenn ich das auch nicht benennen kann.

Diese Angst musste ich überwinden
Im zweiten Projekt in einem Kinderheim habe ich dann allein gewohnt. Dazu musste ich mich überwinden, aber das war die beste Lösung. Manchmal war ich allein für die Kinder verantwortlich, Autoritätsperson zu sein, fand ich auch schwer. Da hatte ich Hemmungen. Ich reite zum Beispiel auch nicht gern, weil ich dann das Pferd führen muss. Aber

ich habe gemerkt, dass es für die Kinder nicht gut ist, wenn ich sie nicht führe. Also habe ich mich darauf eingelassen und es versucht.

Vom nächsten Jahr erhoffe ich mir
Ich möchte unbedingt kochen lernen, das wollte ich eigentlich schon dieses Jahr, aber im Kinderheim wurde dann für mich gekocht. Ich musste essen, was mir vorgesetzt wurde, auch in den Portionen. Da hatte ich zum ersten Mal Futterneid. Portionierte Rationen finde ich schlimm. Darum würde ich gerne kochen können und weiter lernen zu spüren, was mir wichtig ist. Und entsprechend zu entscheiden. Ich werde jetzt in Fulda Sozialwissenschaften mit Schwerpunkt interkulturelle Beziehungen studieren und erstmal bei meinem Opa leben.

Das habe ich mitgebracht
Rumänisch sprechen zu können und eine positive Einstellung zu Rumänien. Das ist in Deutschland ja nicht weit verbreitet. Da wurde ich oft gefragt, wie ich das Land schön finden könne.

Das habe ich zurückgelassen
Eine sehr gute Freundin in Bukarest, die Kinder aus dem Kinderheim und ein Stück Sprache. Ich habe schon wieder viel verlernt, das geht so schnell.

Liebe ist mir begegnet in
Ich hab mein erstes Rumänisch von meiner Roma-Mama gelernt, die hat einfach mit mir gesprochen, mich zum Tee eingeladen. Eigentlich brauchte man mit ihr gar keine Sprache. Aber sie hat alles ständig wiederholt, anders gesagt, mit anderen Gesten und Mimik. Da ist mir zum Beispiel Liebe begegnet. Und in den Kindern natürlich, die liebe ich einfach und die haben mir so viel gegeben. Ich war keine distanzierte Autoritätsperson, sondern hatte zu jedem von ihnen Beziehungen, das fand ich ziemlich schön.

Gelernt habe ich
Viele unterschiedliche Facetten von Kommunikation. Und ich habe mich mit der EU beschäftigt, überhaupt nicht theoretisch, sondern ich habe praktisch erlebt, was in der EU nicht funktioniert. Zum Beispiel ist der Markt von Rumänien seit langem offen für EU-Ware, aber die Rumänen dürfen erst seit kurzem auf den europäischen Arbeitsmarkt. Kaufen sollten sie schon lange, verdienen nicht.

Bestürzt hat mich

Der Rassismus gegen Roma in Rumänien. Diese Vorstellung, Roma könnten sich nicht integrieren, sie hätten halt »andere Gene«, dabei gibt es natürlich Lehrer oder Professoren, die Roma sind, aber die Integrierten fallen eben nicht auf. Außerdem haben viele Rumänen wegen der ganzen Vorurteile, auf die sie in anderen Ländern stoßen, wenig Selbstbewusstsein, wenig Stolz auf ihre Kultur. Es gibt viel Fatalismus – und eine gewisse Traurigkeit wegen der eigenen Identität.

An der Ankunft war schön

Ich bin schrittweise nach Deutschland zurückgekommen. Zuerst war ich noch zu Besuch in Bosnien und am letzten Abend auf dem Balkan musste ich weinen. Zurück in Deutschland sank sofort mein Adrenalinspiegel, ich hab alles wieder verstanden, das hat mich ganz müde gemacht. Dann habe ich mich erst noch in Fulda eingeschrieben und zuhause hatte meine Familie dann ein Herz gebacken, in den Nationalfarben Rumäniens, und hat auf Rumänisch reingeschrieben: Schön, dass du zurück bist.

An der Ankunft war schwer

Es ist insgesamt noch schwer, denn die weit entfernten Verwandten, nicht meine direkte Familie, finden es nicht mal im Nachhinein positiv, dass ich weg war. Und die äußern das auch wenig sensibel mir gegenüber. Vielleicht wollen sie auch provozieren, das ist schon schwer für mich.

Familie bedeutet mir

Meine Familie bedeutet mir ziemlich viel, meine kleine Familie am meisten, nicht die andern drum herum. Ich glaube, wichtig ist, dass man voneinander lernt und sich geborgen fühlt und dass man so sein kann, wie man ist.

Gutes tun bedeutet

Ich finde, Zuhören ist ganz wichtig.

Armut ist

Wenn man geistig nicht gefordert wird, keine Herausforderung hat und abstumpft.

Luxus ist

Ideologische Entscheidungen treffen zu können.

Glauben bedeutet mir

Eine große Herausforderung. Ich habe mir in dem Jahr wenig Zeit für meinen Glauben genommen. Ich war in der orthodoxen Kirche, weil ich die Liturgie interessant fand, habe einige Messen besucht, aber ich hatte keine Kraft, mich auf den Glauben und auf die Spiritualität einzulassen. Das war anders als sonst.

Freiheit bedeutet

Sich selbst ausleben zu können, sich fühlen zu dürfen, wie man will.

Heimat ist

Wo man angekommen ist, sich sacken lässt, ist, wie man ist.

Heimweh ist

Etwas Ähnliches wie Liebe, bloß, dass man sich danach sehnt.

Einsamkeit ist

Nicht ganz angenehm, ich finde es energieraubend. Ich kann es also nicht definieren, ich weiß nur, was es macht.

Das gebe ich den anderen Freiwilligen mit auf den weiteren Weg

Dass sie ihren Weg gehen sollen.

Das gebe ich mir selbst mit auf den Weg

Das Gleiche.

Evelin Graf

Jahrgang 1993
Studentin der Kunstgeschichte
Wien

Einsatzland Mexiko
Pädagogische Mitarbeit in einer Blinden-
schule in Guadalajara

Das kann ich besonders gut
Locker mit ernsten Situationen umgehen.

Diese Eigenschaft an mir ist besonders wichtig
Fröhlichkeit.

Meine größte Schwäche ist
Dass ich manchmal sehr nachdenklich bin.

Mein Held / Heldin ist
Meine Mama, weil sie eine starke Person ist.

Das macht mich glücklich
Einen schönen Tag mit netten Menschen in der Sonne zu
verbringen.

Das macht mich traurig
Hintergangen zu werden.

Das macht mich zufrieden
Wenn bei mir alles läuft und ich nicht nachdenklich sein
muss.

Das macht mich wütend
Situationen, mit denen ich nicht umgehen kann. Zum Beispiel, wenn ich etwas machen und sofort perfekt können soll,
obwohl mir keiner sagt, wie.

Vom nächsten Jahr erhoffe ich
Dass ich schöne Erfahrungen machen werde und lerne, mit
Überforderungen umzugehen.

Vom nächsten Jahr befürchte ich
Dass ich Heimweh haben werde, und dass ich vielleicht in

eine Situation gerate, in der es in Mexiko gefährlich werden kann.

Das nehme ich unbedingt mit
Ein Buch, in das ich seit dem ersten Vorbereitungsseminar
geschrieben habe. Da werde ich auch ein paar Fotos einkle-
ben und weiter schreiben.

Das lasse ich gern zurück
Studium, Stress, Arbeitsstress.

Weihnachten erwarte ich
Dass wir in der Wohngemeinschaft ein schönes Fest feiern.

Für meinen Geburtstag wünsche ich mir
Dass mir zumindest jemand gratuliert.

Verändern wird sich an mir bestimmt
Ich glaube meine Art. Vielleicht nicht von Grund auf, aber
manches werde ich sicher hinterher anders sehen.

Lernen möchte ich
Spanisch, und wie man mit blinden Menschen umgeht.

Familie bedeutet mir
Viel! Ich habe einen Zwillingsbruder und wohne auch mit
ihm zusammen. Wir waren auch schon in derselben Klasse,
es wird also eine riesige Umstellung, ihn nicht mehr immer
um mich zu haben.

Gutes tun bedeutet
Auch kleine Dinge zu tun, die vielleicht nicht viel bewirken,
aber einem Menschen ein Lächeln schenken.

Armut ist
Traurig, aber auch etwas, das für viele Menschen immer da
sein wird.

Luxus ist
Als Studentin mal Essen zu gehen.

Glauben bedeutet mir
Darüber bin ich mir noch nicht ganz im Klaren.

Freiheit bedeutet
Selbst entscheiden zu können, was man tut, wo man hingeht,
welchen Weg man einschlagen möchte.

Heimat ist

Dort, wo dein Herz ist.

Heimweh ist

Zu merken, was man hat und was man vermissen kann.

Glück ist

Zu wissen, dass man einen Ort oder Menschen hat, zu dem oder zu denen man immer zurückkommen kann.

Ein besonders schwieriger Moment in meinem Leben bisher war

Als ich nach Wien gezogen bin und da, wo ich aufgewachsen bin, in der Steiermark, kein Zuhause mehr hatte, weil meine Eltern auch weggezogen sind. Da musste ich damit klarkommen, dass ich nicht in das Umfeld zurückkonnte, in dem ich bis dahin gelebt hatte. Ich habe ein Stück Heimat verloren.

Das gebe ich den anderen Freiwilligen mit auf ihren Weg

Akzeptiert, wenn ihr in ein Land geschickt werdet, an das ihr vorher nicht gedacht habt. Es kann trotzdem eine tolle Erfahrung werden. Für andere dasein kann man an jedem Ort auf der Erde.

Das gebe ich mir selbst mit auf den Weg

Dass ich nicht zu viel an Zuhause denken sollte, sondern jeden Tag leben, wie er kommt.

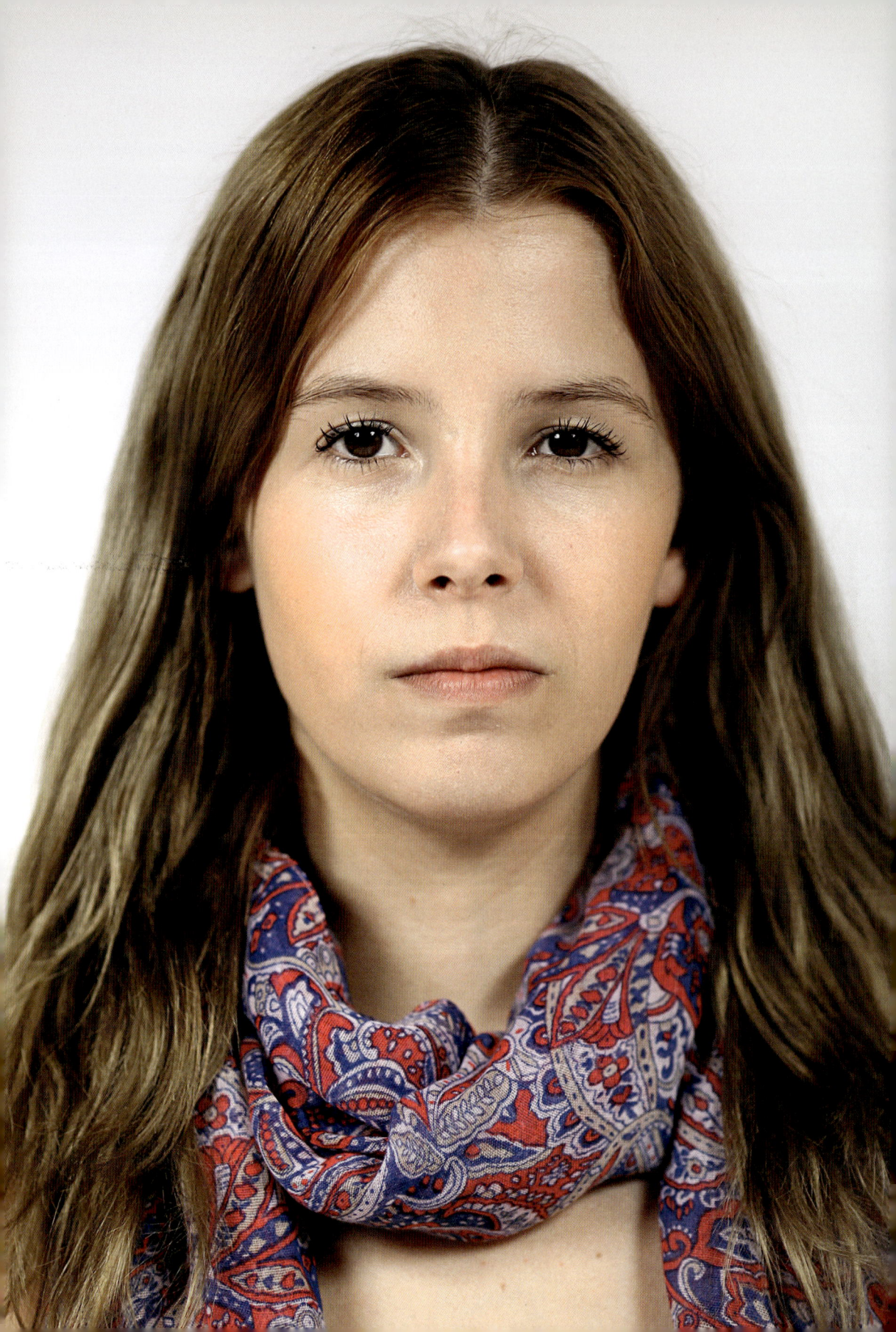

Evelin Graf

Nach der Rückkehr

Das kann ich besonders gut
Freundlich sein.

Meine größte Schwäche ist
Dass ich nicht streiten kann.

Mein Held / Heldin ist
Positive Menschen.

Das macht mich glücklich
Harmonie (lacht).

Das macht mich traurig
Situationen, in denen ich mich nicht wohlfühle, das aber nicht sagen kann.

Das macht mich zufrieden
Eine Umgebung, in der ich Harmonie erlebe und mich wohlfühle.

Das macht mich wütend
Oft, dass ich nicht sagen kann, wenn mich etwas stört.

Das hat mir das vergangene Jahr gebracht
So eine Grundzufriedenheit. Vor dem Jahr habe ich mich oft nicht wohlgefühlt, aber nichts dagegen unternommen. In Mexiko habe ich das erste Mal in meinem Leben etwas für mich getan. Ich habe auch frei entschieden, dass ich das tun will. Und ich habe keinen Vergleich zu anderen gezogen. In Mexiko habe ich einfach alles angenommen, wie es war. Und damit ging es mir gut. Ich hoffe, dass ich diese Zufriedenheit weiter mitnehmen kann.

Diese Angst musste ich überwinden
Ich habe mir vorher schon Gedanken gemacht, wie es ist, mit behinderten Kindern zu arbeiten. Weil ich das noch nie gemacht hatte. Und dann war ich auch ein bisschen stolz, als ich dort war, dass es für mich überhaupt kein Problem war.

Vom nächsten Jahr erhoffe ich mir
Dass ich die gelernten Dinge aus Mexiko auch ein bisschen in meinem weiteren Leben einbinden kann und dass ich mir die Zufriedenheit erhalte.

Was wirst du studieren?
Ich habe vorher Kunstgeschichte studiert und mich jetzt für Spanisch und Englisch auf Lehramt entschieden. Mir hat das so gut gefallen mit den Kindern – das Unterrichten und Spanisch auch. Ich hatte immer schon ein Sprachinteresse, ich spreche Ungarisch, Deutsch, Spanisch, Englisch fließend und dann noch ein bisschen Französisch und Italienisch.

Das habe ich mitgebracht
Viele Erlebnisse, an die ich mich sehr gerne erinnere, und die Freundschaft zu den beiden Freiwilligen, mit denen ich zusammengelebt habe. Wir haben außerhalb unserer Projekte ganz allein auf uns gestellt gewohnt, und so ist aus uns irgendwann wirklich eine kleine Familie geworden. Wir mussten uns erst zusammenraufen, und jetzt verstehen wir uns wirklich gut.

Das habe ich zurückgelassen
Ein komplett anderes Leben, weil es überhaupt nicht mit dem Leben hier vergleichbar ist. Ich vermisse den Alltag, den strukturierten Tagesablauf.

Vermissen werde ich
Natürlich die Kinder, mit denen ich gearbeitet habe, und die Lebensweise in Mexiko, weil die Menschen dort so freundlich sind und man so schnell aufgenommen wird.

An meinem Geburtstag
Waren wir im Zirkus und hatten fast den ganzen Zirkus für uns alleine, Privatvorstellung (lacht). Und in der Schule habe ich einen Kuchen bekommen.

Liebe ist mir begegnet in
Meiner Arbeit. Die Angestellten in der Schule waren so liebevoll miteinander, mit den Kindern, das war wirklich schön. Man hat auch sehr gespürt, dass die Kinder gerne kommen, weil sie wissen, dass sie da gemocht werden.

Verändert hat sich an mir
Ich bin um einiges gelassener und zufriedener.

Gelernt habe ich

Sehr viel Menschliches, die Blindenschrift Braille und Spanisch. Zufriedenheit und Gelassenheit.

Überrascht hat mich

Dass ich oft sehr aus mir rausgekommen bin, obwohl ich nicht so ein Mensch bin, der gerne Gefühle zeigt.

Bestürzt hat mich

An der mexikanisch-amerikanischen Grenze Leute zu erleben, die wirklich Hals über Kopf ihr eigenes Land verlassen und sich illegal über eine Grenze wagen – eine Mutter alleine mit fünf Kindern. Das war echt eine schreckliche Erfahrung.

An der Ankunft war schön

Es war eigentlich schön und nicht schön, dass sich nichts verändert hat.

Familie bedeutet mir

Ich glaube, manchen Menschen bedeutet Familie mehr als mir. Aber es ist gut zu wissen, dass man einen Platz hat, wo man immer hingehen kann.

Gutes tun bedeutet

Einfach da sein.

Armut ist

Sehr verbreitet und etwas, das man gerne ändern möchte, aber kaum kann.

Luxus ist

Mein Leben in Österreich.

Glauben bedeutet mir

Etwas für mich zu haben, worauf ich mich zurückziehen kann.

Freiheit bedeutet

Selbst entscheiden zu können.

Heimat ist

Wo man sich wohlfühlt und weiß, dass man immer dorthin gehen kann.

Heimweh ist

Etwas, dessen Bedeutung man erst bemerkt, wenn man es nicht mehr hat.

Einsamkeit ist

Wenn man sich fühlt, als ob man niemanden hätte, zu dem man gehen und mit dem man reden kann.

Sprache ist

Eine Barriere, zugleich aber etwas, das extrem verbindet.

Glück ist

Wenn man einen Ort gefunden hat, an dem man sein kann, wie man ist und zufrieden sein kann mit dem, was man hat.

Ein besonders schöner Moment in meinem Leben war bisher

Ich habe mal irgendwo gesessen in Mexiko, da war ich schon mitten in meinem Alltag und dachte plötzlich: Boah, du sitzt ja eigentlich in Mexiko! Irgendwie fand ich es schön, dass es so normal geworden war.

Ein besonders schwieriger Moment in meinem Leben war bisher

Als ich erfahren habe, dass ich zurück muss, weil meine Mutter krank geworden ist. Ich habe mich zwar gefreut, nach Hause zu fahren, andererseits wollte ich überhaupt nicht weg.

Das gebe ich den anderen Freiwilligen mit auf den weiteren Weg

Ich hoffe, dass wir dieses Jahr nicht auf die Seite schieben, sondern uns daran erinnern und vielleicht auch neue Eigenschaften daraus mitnehmen.

Das gebe ich mir selbst mit auf den Weg

Dass ich die neue Zufriedenheit mitnehme.

Dominic Schmidt-Leukel

Jahrgang 1995
Abiturient
Münster

Einsatzland Indien
Freizeitgestaltung und Nachhilfe für Kinder
und Jugendliche in einem Internat in Manvi

Diese Eigenschaft an mir ist besonders wichtig
Ich gehe leicht auf andere zu und schaue, ob ich ihnen helfen kann.

Meine größte Schwäche ist
Dass ich eher introvertiert bin.

Das macht mich traurig
Das hängt immer von meiner Stimmung ab. Ich habe wegen meiner indischen Herkunft diverse Spitznamen in der Schule. Manchmal finde ich die lustig und kann selbst drüber lachen, aber manchmal macht es mich auch traurig, wenn ich da nur als »Gandhi« oder »Banjee, der Taxifahrer« abgestempelt werde.

Das macht mich zufrieden
Wenn ich etwas plane und sehe, dass es Wirklichkeit wird. Ich finde auch Verkehr wahnsinnig interessant. Ich plane zum Beispiel virtuelle Bahnlinien oder Straßen für Münster und wenn sich dann zeigt, dass die funktionieren würden, macht mich das zufrieden.

Vom nächsten Jahr erhoffe ich
Ich komme ja ursprünglich aus Indien, ich war ein Jahr alt, als meine Eltern mich adoptiert haben, und ich habe mir gewünscht, dass ich dort einen Einsatzort finde. Ich hoffe, viel über das Land zu erfahren, weil ich es gar nicht kenne. Man kann ja eigentlich gar nicht pauschal von Indien sprechen, dafür ist das Land zu heterogen, aber ich komme in den Bundesstaat, aus dem meine Vorfahren stammen, und darum hoffe ich, immerhin die Kultur dort kennenzulernen, zu erfahren, wie die Menschen dort sind. Ich werde oft gefragt, wo ich herkomme. Und bisher musste ich immer sagen, ich weiß nicht, Indien ist mir so fremd wie euch. Das finde ich eigentlich traurig, darum will ich das Land kennenlernen. Und ich möchte etwas ganz anderes machen als in der Schule zu hocken, nämlich Erfahrungen mit anderen Menschen machen und mich dabei auch selbst kennenlernen, entdecken, wer ich bin.

Vom nächsten Jahr befürchte ich
Es gibt ja immer eine Eingewöhnungsphase, und das ist bestimmt seltsam für mich, weil ich aussehe wie ein Inder und eigentlich auch einer bin, aber von den Kenntnissen her werde ich doch ein Fremder sein. Ich frage mich, wie es sein wird, wenn mich Leute ansprechen, die denken, ich sei mit allem Kulturellen, dem Essen, der Sprache vertraut und ich kann nicht mal antworten. Das halten die vielleicht für unhöflich. Vielleicht wäre es doch besser gewesen, in ein anderes Land zu gehen, aber dann hätte ich eben doch nichts über meine Herkunft erfahren.

Das lasse ich gern zurück
Noch meine Familie, denn ich will unabhängig werden, auch, wenn ich dann wieder da bin. Aber es wird sicher Momente geben, in denen ich mir wünschte, dass meine Familie da wäre. Das Wetter lass ich gern zurück.

Lernen möchte ich
Die Sprache, weil das ja eigentlich meine Muttersprache ist. Ich möchte lernen, mit Herausforderungen umzugehen. Bisher waren Klausuren meine Herausforderung, jetzt wird es um ganz andere Dinge in meinem Leben gehen.

Der Abschied fällt mir schwer von
Meinem Bett. Von allem Gewohnten, der Familie, dem Klima. Und wenn ich zurückkomme, wird es wieder genauso sein. Dann werde ich das Gewohnte aus Indien vermissen, schätze ich.

Familie bedeutet mir
Zusammenhalt, dass man füreinander da ist, sich gegenseitig hilft auch in schwierigeren Zeiten. Und Familie muss nicht nur Verwandtschaft sein, die Fathers und die Kinder in Indien werden auch meine Familie sein.

Gutes tun bedeutet
Das entscheidet die Gesellschaft. Aber Gutes tun hilft immer anderen und auch einem selbst.

Armut ist

Oft schwer zu erkennen, weil Menschen ihre Armut verbergen und reiche Leute menschlich arm sein können.

Glauben bedeutet mir

Glauben ist für mich unabhängig von der Religion. Glauben kann jeder und man kann auch an alles Mögliche glauben, aber ich kann das schwer definieren.

Freiheit bedeutet

Zu tun, was man möchte, ohne eingeschränkt zu werden – körperlich oder geistig.

Heimat ist

Für mich schwer zu sagen. Ich habe nicht das Gefühl, dass ich eine Heimat habe, ich fühl mich nicht wie ein Inder, nicht wie ein Deutscher, nicht wie ein Schotte (in Schottland habe ich mit meiner Familie auch ein paar Jahre gelebt). Aber besonders wohl fühle ich mich in München, ich bin einfach da und fühl mich wohl, auch wenn ich nichts Besonderes mache. Und so geht es mir auch auf deutschen Autobahnen. Das hab ich besonders empfunden, als wir in Schottland gelebt haben.

Einsamkeit ist

Ein Gefühl, das man auch in einer Gruppe empfinden kann.

Ein besonders schöner Moment in meinem Leben bisher war

Wäre ich älter gewesen, könnte ich vielleicht sagen, der Zeitpunkt, als meine Eltern mich aus Indien abgeholt haben.

Aber ich war so jung, dass ich mich daran nicht erinnern kann. Aber es gab Momente, da habe ich gemerkt, dass ich trotz meiner Behinderung irgendetwas Motorisches doch hinbekommen habe, das waren gute Momente. Als ich das erste Mal mein Hemd zuknöpfen konnte, gespürt habe, dass ich nicht nur einen Arm habe, sondern beide benutzen kann. Ich hab gelernt, auch kleine Momente besonders zu schätzen.

Ein besonders schwieriger Moment in meinem Leben bisher war

Immer die Momente, wenn ich mich in einem neuen Land einleben musste. In Schottland zum Beispiel war das Schulsystem viel familiärer, freundlicher. Als ich nach Deutschland kam, musste ich mich an die absolute Leistungsorientierung gewöhnen. Aber ich glaube, die wirklich schwierigen Momente meines Lebens kommen erst noch – in Indien.

Das gebe ich den anderen Freiwilligen mit auf ihren Weg

Jeder sollte das Beste aus seinen Möglichkeiten machen. Keiner kann alles, aber jeder kann viel versuchen. Jeder sollte auf seine Fähigkeiten vertrauen und sich etwas zutrauen, auch wenn er erst Bedenken hat. Aber ich mag keine Ratschläge geben, jeder muss selbst sehen, wie er in einem fremden Land mit sich umgeht.

Das gebe ich mir selbst mit auf den Weg

Dass auch ich mehr Vertrauen in mich haben kann und mir auch einfach mal etwas zutraue, von dem ich erst glaube, dass ich es nicht kann.

Dominic Schmidt-Leukel

Nach der Rückkehr

Das kann ich besonders gut
Verkehrspläne studieren.

Meine größte Schwäche ist
Dass ich immer noch ein bisschen still bin. In Indien war das anders, da habe ich mit allen richtig viel geredet, zurück in Deutschland ist das wieder anders.

Das macht mich glücklich
Indisches Essen, indische Musik, ganz besonders indische Musik. Ich kann irgendwo sitzen und ein indisches Lied mitsingen, ich laufe auch hier die ganze Zeit herum und habe ein indisches Lied im Ohr.

Das macht mich traurig
Ungleiche Behandlung, das hat sich in Indien noch verstärkt.

Das hat mir das vergangene Jahr gebracht
Einen Blick auf mich selbst zu bekommen: Wie ich bin, wie ich gearbeitet habe, wie ich vorher war. Ich war zum Teil für 44 Kinder verantwortlich, das lässt einen anders reifen, als wenn ich direkt mit dem Studium angefangen hätte.

Vom nächsten Jahr erhoffe ich mir
Ich werde Verkehrsingenieurwesen in Dresden studieren und erhoffe mir dort einen guten Anfang. Aber auch, dass ich mit engen Freunden und Vertrauenspersonen in Indien in Kontakt bleibe. Dass sie mich nicht vergessen und ich sie nicht vergesse.

Das habe ich zurückgelassen
Mein Heimatland, weil ich jetzt stolz sagen kann, ich bin Inder. Ich fühle mich wirklich sehr viel mehr als Inder nach dem Jahr. Aber in Indien habe ich mich auch als Deutscher gefühlt. Ich bin immer noch beides. Mal tritt das eine mehr in den Vordergrund, mal das andere. Ich passe mich dann auch den Verhaltensweisen an. In Indien nehmen sich zum Beispiel auch Männer an die Hand. Das bedeutet nicht, dass sie homosexuell sind, nur gute Freunde. Das würde ich in Deutschland natürlich nie tun.

Vermissen werde ich
Alles an Indien, egal ob gut oder schlecht: Den Verkehr, den Lärm in den Straßen, ganz besonders meine harte Matratze oder das Schlafen auf dem Boden. Ich kann nicht mehr schlafen, seit ich wieder in Deutschland bin.

Weihnachten habe ich so gefeiert
Mein Vater und Bruder haben mich besucht und wir sind gemeinsam in den Konvent gefahren, in dem ich als kleines Baby war, und haben mit den Schwestern dort gefeiert. Das war wirklich schön. Wir haben auch eine Schwester getroffen, die uns alle noch gut kannte, alle Kinder, die nach Deutschland gegangen sind. Das war wirklich sehr, sehr schön.

Liebe ist mir begegnet in
Ich habe die Liebe zum Land kennengelernt, das hatte ich so noch nicht gespürt. Ich kann jetzt mit Stolz sagen, dass ich Inder bin. Vorher wollte ich das oft nicht zugeben, jetzt bin ich froh darüber. Es gibt in Indien diese Liebe zum eigenen Land. Die habe ich aufgenommen und mitgenommen.

Verändert hat sich an mir
Relativ viel und auch irgendwie wenig. Ich habe ein anderes Bewusstsein für mich selbst bekommen. Ich habe zum Beispiel gelernt, mich bei den Kindern in den Riesenklassen durchzusetzen. Das war schwierig und hat mich das ganze Jahr beschäftigt. Am Ende hatte ich einen Weg gefunden. Wie mich das verändert hat, wird sich zeigen, wenn ich anfange zu studieren.

Gelernt habe ich
Offen auf Menschen zuzugehen, nicht zu schnell zu urteilen. Ich bin in Indien auch nicht so schnell beurteilt worden, etwa wegen meines Armes. Diese Unvoreingenommenheit nehme ich mit.

Überrascht hat mich
Wie schnell ich Cricket verstanden habe. Und wie zuhause ich mich in Indien gefühlt habe. Ich hatte Momente, da habe ich mich einfach wohlgefühlt, auch wenn ich wie alle dort eine Stunde ohne Sturzhelm Motorrad gefahren bin. Das kam mir dann auch normal vor.

Familie bedeutet mir

Familie ist für mich nicht auf die leibliche Familie begrenzt. In Indien habe ich mit zwei Lehrern zusammengewohnt. Wir haben viel miteinander gemacht, geredet, abends Filme geguckt. Das war meine Familie in Indien – mit sehr vielen Brüdern durch die Jungs im Internat.

Gutes tun bedeutet

Dafür zu sorgen, dass sich etwas verändern kann, also nicht unbedingt, dass sich etwas verändert, sondern, dass sich etwas verändern kann. Das hilft Menschen nachhaltig.

Armut ist

In Indien hat eine Schwester zu mir gesagt, die Kinder in ihrem Heim seien arm, aber so reich an Charakter. Sie waren also arm an Geld und Land, aber reich in anderen Dingen. Das habe ich auch selbst so erfahren.

Luxus ist

Immer abhängig vom Ort, an dem man lebt. In Indien war Obst schon Luxus oder mal ein bisschen Fleisch.

Heimweh ist

Die Sehnsucht nach Vertrautem, Menschen, Dingen, Landschaften, Verhaltensweisen.

Einsamkeit ist

Wenn man von Leuten umgeben ist, aber sich mit ihnen nicht austauschen kann.

Sprache ist

Nur eine Ausdrucksform. Ich konnte mich auch mit nur ein paar Worten *Kannada* ausdrücken. Gerade in Indien läuft auch viel über die Körpersprache.

Ein besonders schöner Moment in meinem Leben war bisher

Nach Indien zurückzukehren. Ich hatte so lange davon gesprochen, bestimmt vier, fünf Jahre. Dass es dann geklappt hat und dass ich mich so wohlgefühlt habe in einer auch für mich doch fremden Kultur, das waren wirklich schöne Momente.

Ein besonders schwieriger Moment in meinem Leben war bisher

Ich hatte schwierige Momente in diesem Jahr, die waren schwieriger als alles andere, was ich davor erlebt hatte. In Indien hat man zum Beispiel andere Vorstellung von Erziehung. Auch von Disziplinierung, da wird nicht lange nach Ursachen gefragt. Ich musste mich also fragen, wie ich es anders machen konnte. Ich glaube ja an die Methoden, mit denen ich erzogen wurde. Dazu zu stehen, war schwierig.

Das gebe ich den anderen Freiwilligen mit auf den weiteren Weg

Dass sie das Freiwilligenjahr einfach nicht vergessen, dass sie darauf zurückblicken können als etwas Gutes. Und ganz viel Erfolg für die Zukunft.

Das gebe ich mir selbst mit auf den Weg

Hart lernen! Ich habe ja das Ziel, später mal in Indien als Verkehrsplaner zu arbeiten, das möchte ich nicht aus den Augen verlieren.

Antonie Thiel

Jahrgang 1945
Erzieherin im Ruhestand
Bad Homburg

Einsatzland Rumänien
Mitarbeit in einer Suppenküche für
Obdachlose sowie einem Altenheim und
Kindergarten in Temeswar

Das kann ich besonders gut
Ich koche gerne.

Diese Eigenschaft an mir ist besonders wichtig
Dasein für Menschen um mich herum und für soziale Belange.

Meine größte Schwäche ist
Abends, wenn ich so richtig müde bin, Solitär zu spielen.

Mein Held / Heldin ist
Mein Mann und ich haben uns als Vorbild Männer und Frauen aus der Kirche gewählt, von denen wir den Eindruck hatten, dass sie für die Kirche und für die Welt etwas ganz Besonderes tun. Also durch alle Epochen. In erster Linie zum Beispiel die Männer und Frauen, die für ihre Überzeugung und für ihren Glauben ins KZ gegangen sind.

Das macht mich glücklich
Dass ich gerade Oma geworden bin.

Das macht mich traurig
Mich macht immer noch traurig, dass mein Mann gestorben ist.

Das macht mich zufrieden
Dass ich bald etwas Neues tun darf für andere und zwar nicht in meiner Heimat, in der ich das viele Jahre gemacht habe, sondern an einem neuen Ort.

Das macht mich wütend
Der Bischofssitz von Tebartz-van Elst für 9,5 Millionen Euro in meinem Bistum Limburg. Da krieg ich einen dicken Hals!

Vom nächsten Jahr erhoffe ich
Dass ich alle Anforderungen in Zuversicht und Vertrauen auf Gott gut bewältige. Dass ich nicht krank werde, dass ich gut mit den Menschen umgehen kann, dass ich mit der Sprache zurechtkomme. Dass ich die Leute verstehe und sie mich, dass wir nicht so oft aneinander vorbeireden.

Vom nächsten Jahr befürchte ich
Dass ich auf die Schnauze falle. Ich bin dieses Jahr schon dreimal hingefallen, auf meine Knie und meine Hände, das gibt mir zu denken. Warum fällst du? Was ist mit dir los, dass du fällst? Und ich hoffe, dass mir das in Rumänien nicht so oft passiert.

Das nehme ich unbedingt mit
Zwei Koffer voll mit Klamotten. Klamotten zweiter Wahl in erster Linie, aber ich werde auch etwas Schickes mitnehmen. Zwei wunderschöne Bilder von meinen älteren Enkelinnen. Die laminiere ich mir. Ein Foto von meiner Familie, meinen Engel, den hat mir mein ehemaliger Chef zum Namenstag geschenkt, und ein Bild von meinem Mann.

Das lasse ich gern zurück
Meine Heimatgemeinde baut sich gerade neu auf, das ist ein schwieriger Prozess, den lass ich gerne mal ein Jahr hinter mir, auch um einen neuen Blick drauf zu bekommen. Und dieses allgemeine Gejammer in Deutschland.

Für meinen Geburtstag wünsche ich mir
Dass er nicht vergessen wird.

Lernen möchte ich
Ich möchte die Sprache lernen. Ich freue mich auf die Musik Rumäniens und auf die Tänze. Ich bin gespannt auf das Zusammenleben in meiner WG und möchte lernen, dort hineinzupassen. Das ist etwas Anderes, als mit Familie zu leben. Da ist man als Mutter häufig die Ansagerin, und wenn die Kinder alt genug sind, gehen sie ihrer Wege. In Rumänien bin ich Teil eines Gruppenprozesses, das wird sicher spannend.

Der Abschied fällt mir schwer von
Es fällt mir sicher schwer, ein Jahr nicht ans Grab meines Mannes gehen zu können. Ich denke, dass ich immer viele Kerzen aufstellen werde, wo immer ich die Möglichkeit habe.

Vermissen werde ich
Meine Gemeinde und sicher meine Familie.

Kostet es dich besonderen Mut, ein Jahr ins Ausland zu gehen, weil du eine große Familie hinter dir lässt, ein Umfeld, in dem du fest verwurzelt bist?

Mein Mann und ich wollten das in jungen Jahren zusammen machen. Wir haben uns bei Entwicklungshilfediensten erkundigt, aber mein Mann war Kaufmann, das hat man damals nicht gesucht. Also haben wir eine Familie gegründet und das aufs Rentenalter verschoben. Dann wurde mein Mann krank, ich habe diese alte Idee verdrängt. Erst jetzt kam sie wieder hoch, meine Kinder haben mich ermutigt. Und dann ist es nicht Südamerika geworden, wie ich gehofft hatte, sondern Rumänien. 1976 waren mein Mann und ich erstmals dort und danach noch einige Male. Das Land hat uns gut gefallen und da schließt sich für mich nun der Kreis.

Gutes tun bedeutet
Für andere da zu sein.

Armut ist
Ausgegrenzt sein aus der Gesellschaft.

Luxus ist
Für mich nicht nötig. Brauche ich nicht.

Glauben bedeutet mir
Mein Glaube ist das Elementarste, das mir meine Eltern mitgegeben haben, mein Glauben trägt mich.

Freiheit bedeutet
Freiheit geht mir über alles. Auch im Glauben, ich will mich auch von der Kirche nicht einengen lassen. Aber meine Freiheit hört da auf, wo die Freiheit des anderen beginnt.

Heimat ist
Wo ich gerne bin und wo es mir gutgeht. Nicht nur da, wo meine Wurzeln sind.

Heimweh ist
Ich kenne Heimweh nicht so sehr. Ich bin mit 14 ins Internat gekommen. Da ging es mir gut, ich war da gut aufgehoben. Ich mag es nicht, wenn man sich in Heimweh zu sehr hineinsteigert und ganz darin versinkt.

Sprache ist
Ich habe kaum Sprachen gelernt, außer meinen Dialekt (lacht).

Glück ist
Wenn eine große Zufriedenheit da ist. Wenn Dinge so verlaufen, dass ich gut damit leben kann.

Ein besonders schöner Moment in meinem Leben bisher war
Es gab so viele – ich war unheimlich glücklich an unserer Hochzeit – und an unserer Silberhochzeit. Wir haben sehr viele schöne Urlaube machen können. Und ich bin auch glücklich, dass meine Kinder so gelungen sind.

Ein besonders schwieriger Moment in meinem Leben bisher war
Die Zeit, in der mein Mann krank war, die Pflegezeit, die Hürden, die da zu nehmen waren. Aber ich habe auch viel Hilfe erfahren, Menschen aus meiner Gemeinde etwa haben uns begleitet – mit ihrem Gebet, aber sie waren auch konkret zur Stelle.

Das gebe ich den anderen Freiwilligen mit auf ihren Weg
Dass sie einfach ein gutes Jahr in ihrem Einsatzort verleben können.

Das gebe ich mir selbst mit auf den Weg
Das wünsche ich mir auch für mich, dass ich das Jahr mit den Menschen vor Ort gut meistern kann. Es muss nicht nur harmonievoll zugehen, aber wenn es Konflikte gibt, möchte ich die bewältigen.

Antonie Thiel

Nach der Rückkehr

Das kann ich besonders gut

Ich kann mich auf Leute einstellen, ich erspüre, was die von mir wollen und merke früh, wenn schwierige Situationen aufkommen. Ich kann gut stricken, sticken, backen. Ich kann gut feiern, mit den Senioren in einem Vorort von Temeswar haben wir sehr schön Karneval gefeiert.

Meine größte Schwäche ist

Mangelnde Geduld. Und meine Vorstellung, dass ich alles mit mir selbst ausmachen könnte. Das ist mir natürlich nicht gelungen. In Rumänien bin ich sehr schnell eingeholt worden von der Trauer um meinen Mann. Das kam schneller, als ich erwartet habe und war sehr heftig. Da habe ich die anderen in meiner WG gebraucht.

Das macht mich glücklich

Mich hat schon glücklich gemacht, wenn ich es geschafft habe, alleine mit der Tram zu fahren. Oder wenn in der Kantine etwas so ausgeführt wurde, dass es gut war. Auch der Umgang mit den Ordensschwestern hat mir gutgetan oder das Zusammensein in der Kommune. Wenn die Sonne schien, wenn wir gemeinsam unterwegs waren, ins Theater gingen und Anrufe von meinen Kindern kamen.

Das macht mich wütend

Wütend macht mich, dass die Caritas in Temeswar so schlecht strukturiert ist. Es machte mich auch wütend, wie die Frauen im Hort mit den Kindern gearbeitet haben. Das hat mich sehr umgetrieben, weil ich ja vom Fach bin.

Das hat mir das vergangene Jahr gebracht

Das Jahr war für mich ein gutes Jahr mit allen Höhen und Tiefen, die ich auch erlebt habe. Aber ich hatte eine gute geistliche Begleitung vor Ort. Das hat mich bereichert. Ich war Lernende, so bin ich auch dorthin aufgebrochen. Ich habe zum Beispiel bei der Arbeit oft gedacht, dass man Abläufe effektiver machen könnte. Normalerweise bringt mich so was auf die Palme. Also war das für mich ein Lerngebiet, Dinge so anzunehmen, wie sie sind. Ich habe auch gemerkt,

dass ich kein Anrecht habe, alles zu verändern. Dann habe ich zum ersten Mal in einer WG gelebt. Und das bei einem Altersunterschied von 50 Jahren! Ich hatte aber nie Muttergefühle. Ich war eine unter Vieren. Das war toll für mich, dass wir das so freundschaftlich geschafft haben über die Generationen hinweg. Meine Mitbewohner haben auch sehr auf mich geachtet, beim Fahrradfahren zum Beispiel – damit mir ja nichts passiert und ich wieder gut zu meinen Kindern nach Hause komme.

Und die Tiefen?

Die Tiefen haben sich vor allem in der Kantine abgespielt. Ich habe nicht so schnell Rumänisch gelernt, wie ich erhofft hatte, ich habe es generell überhaupt nicht gut gelernt, ich konnte mich verständigen und organisieren, was ich sagen musste, aber das war es dann auch. Das hat mir Kritik eingetragen. Und dann war ich gerade ganz tief in der Trauerphase um meinen Mann, da hat mich eine Kollegin wegen einer Lappalie angeschrien. Da sind bei mir die Tränen geflossen, das war meine Dünnhäutigkeit, aber die Kollegin war total schockiert. Die Sprachschwierigkeiten haben mich sehr belastet.

Hattest du erwartet, dass die Trauer dich einholen würde?

Mein Mann und ich haben in Rumänien Urlaub gemacht, also dachte ich, da schließt sich für mich der Kreis. Dass mich das so blitzartig trifft, damit hatte ich nicht gerechnet. Ich wollte das allein aushalten und meine Kommunität heraushalten. Stattdessen wurde ich launisch, das ist den anderen aufgefallen, da die mich so gar nicht kannten. Und dann habe ich auch dort geheult. Und als ich dann alleine im Zimmer saß, hab ich gedacht, so geht das nicht weiter, also habe ich meinen Mitbewohnern gesagt, wie es in mir aussah. Und dann kam der Todestag meines Mannes, da haben die anderen gesagt, dass sie den Abend mit mir verbringen wollen. Wir haben die ersten Plätzchen vor Weihnachten gebacken. Diese Sensibilität der anderen hat mir gutgetan. Das Jahr hat mir geholfen, etwas Distanz zu meinem verstorbenen Mann zu bekommen ohne Schuldgefühle zu entwickeln. Er ist in meinem Herzen, aber ich darf mein Leben gestalten. Damit habe ich ja schon begonnen, als ich mich für das Jahr entschieden habe.

Liebe ist mir begegnet in

Den Begegnungen mit den Kindern im Hort, auch mit den Patres und Schwestern. Manchmal auch in der Kantina, vor allen Dingen zum Schluss war das ein sehr herzliches Miteinander.

Verändert hat sich an mir

Mein Blick auf Deutschland war schon immer kritisch, das hat sich jetzt vielleicht nochmal verstärkt, weil ich nun die Not in Rumänien erlebt habe. Das ist anders, als darüber zu lesen. Ich bin schon immer sorgfältig mit Lebensmitteln umgegangen, kaufe bewusst ein und keine Massen. Es muss nicht großspurig gelebt werden.

Gelernt habe ich

Ein bisschen Rumänisch, den leckeren Kantina-Kuchen zu backen, in Rumänien Auto zu fahren, mich in einem neuen Ort zurechtzufinden und auch Dinge zu schätzen, wie die uralte Tram, das sind ja Schaukelkisten, aber ich fand die so schön.

Überrascht hat mich

Dass es mich am Ende so nach Hause gezogen hat. Obwohl der Abschied auch wehmütig war. Ja, das hat mich schon überrascht.

Familie bedeutet mir

Meine Kinder waren mir immer wichtig, ich musste sie auch loslassen, als die eine Tochter nach Paris ging, die andere nach England, aber das ist ein anderes Loslassen, als wenn man selbst ein Jahr weggeht. Überrascht hat mich auch, dass die so Heimweh nach mir hatten. Dass sie ihre Mutter als Gesprächspartnerin vermisst haben. Eine Tochter hat standesamtlich geheiratet, ich dachte, das sei nicht schlimm, wenn ich auf dem Standesamt nicht dabei bin, aber als sie mir Fotos geschickt hat, hatte ich doch das Gefühl, etwas verpasst zu haben.

Glauben bedeutet mir

Glauben ist für mich sehr wichtig. Glauben bedeutet mir die Führung und die Stärke, die ich für mein Leben brauche.

Glück ist

Glück ist, dass ich lebe, dass meine Eltern mir das Leben geschenkt haben.

Das gebe ich den anderen Freiwilligen mit auf den weiteren Weg

Dass sie ihr Erlebtes mit hineinnehmen in ihre Lebensgestaltung.

Das gebe ich mir selbst mit auf den Weg

Dass ich meine Offenheit, meine Ehrlichkeit, meine Energie, meine Fröhlichkeit behalte für die Jahre, die Gott mir noch schenkt.

Paula Grzesiek

Jahrgang 1995
Abiturientin
Wittlingen

Einsatzland Indien
Assistenzlehrerin in einem Internat für Tribals
(ausgegrenzte Volksstämme) in Raiganj

Das kann ich besonders gut
Mit Menschen umgehen, auf sie eingehen, zuhören und
jemanden, den ich nicht kenne, einschätzen.

Meine größte Schwäche ist
Offen zuzugeben, wenn ich etwas falsch gemacht habe. Das
ist schon schlimm, ich halte das nicht für was Kleines (lacht).

Mein Held / Heldin ist
Sie ist vielleicht kein Held, aber an meiner Schwester bewundere ich vieles. Ich mache oft Dinge, die sie auch gemacht
hat, oder frage sie um Rat. Sie war zum Beispiel auch ein
Jahr im Ausland.

Vom nächsten Jahr erhoffe ich
Dass ich viele Dinge lerne, von denen ich überhaupt nichts
wusste, die mir völlig neu sind. Ich bin auch offen dafür,
eigene Ansichten widerlegt zu finden, zu erkennen, dass ich
mich in gewissen Einschätzungen getäuscht habe. Außerdem hoffe ich, dass mein Einsatz in Indien etwas bringt, und
dass ich erlebe, dass das eine gute Sache ist.

Vom nächsten Jahr befürchte ich
Vielleicht, dass ich in Indien in ein Loch falle, weil ich überhaupt nicht mehr erkenne, warum ich das eigentlich mache.

Das nehme ich unbedingt mit
Ich habe einen Zeichenblock, da sind Zeichnungen von mir
drin, und ich habe jetzt auch angefangen Freunde zu bitten,
dass sie mir etwas reinschreiben, bevor ich gehe. Ich habe
da auch eine Karte reingeklebt, die mir jemand geschrieben
hat. Diesen Block will ich in Indien weiter füllen.

Das lasse ich gern zurück
Mein Handy, das nervt mich wirklich. Und meinen Kalender.
Der geht auch nur bis zum 26. Juli, meinem Abreisetag. Den
Kalender habe ich selbst geschrieben und an dem Tag hört
er dann eben einfach auf (lacht).

Weihnachten erwarte ich
Dass es viel bunter und lauter wird als in Deutschland. Ich
hoffe auch, dass man Leute kennenlernt, die einen aufnehmen, auch wenn man nicht zur Familie gehört.

Verändern wird sich an mir bestimmt
Vielleicht, dass ich nicht mehr so materiell denke. Ich kaufe
mir schon mal gerne Sachen, aber vielleicht merke ich, dass
ich die nicht unbedingt brauche. Und ich selbst finde, dass
ich immer sehr aufgewühlt bin. Während der Schulzeit habe
ich immer so viel nebenher gemacht. In Indien werde ich
vielleicht nur eine Aufgabe haben, auf die ich mich dann
konzentrieren kann. Ich werde sicher auch nicht mehr so
viel an die Schule denken, sondern weiterschauen.

Lernen möchte ich
Hindi. Und auf Menschen zuzugehen. Ich glaube, ich bin
doch nicht so offen. Ich finde es auch nicht so leicht, zu Menschen Kontakt aufzunehmen, die ich überhaupt nicht kenne.
Das möchte ich lernen – einfach dadurch, dass ich es muss.

Der Abschied fällt mir schwer von
Der Regisseurin aus meiner Theatergruppe. Und von meinem Zuhause, einem Ort, den ich genau kenne und zu dem
ich immer hin kann. So einen Ort werde ich in Indien vielleicht auch finden, aber am Anfang wird es erst mal kein
Zuhause geben.

Vermissen werde ich
Meine Theaterregisseurin. Das wird hart werden, mich von
ihr zu verabschieden. Vermissen werde ich auch meine
Familie, ein paar Freunde, ein paar auch nicht.

Familie bedeutet mir
Menschen, bei denen ich immer Hilfe bekomme, die ich immer nach ihren Erfahrungen fragen kann.

Gutes tun bedeutet
Andere glücklich zu machen.

Armut ist

Wenn man nicht die Möglichkeit hat, das, was man gut kann oder gerne macht, zu verwirklichen.

Luxus ist

Luxus verbinde ich immer sehr mit materiellen Dingen wie Geld. Wenn man alles hat, was man braucht. Aber ich weiß nicht, ob man dann glücklich ist.

Glauben bedeutet mir

Dass man einen Sinn sieht, in dem, was man tut. Dass man einen Grund hat, überhaupt etwas zu tun, weil man an etwas glaubt, egal an was.

Freiheit bedeutet

Auszudrücken, was man möchte. Man sagt ja, die Gedanken sind frei, aber ich denke, Freiheit zeigt sich vor allem, wenn man sagen kann, was man möchte und auch tun kann, was man möchte und von niemandem eingeschränkt wird.

Heimat ist

Wo man sich wohlfühlt und geborgen ist. Wo man sich akzeptiert fühlt. Wo man Menschen hat, die einem wichtig sind. Und auch andersherum: Wo man weiß, dass man jemandem wichtig ist und gebraucht wird.

Heimweh ist

Wenn man Dinge hat, die einem so wichtig sind, dass man sie vermisst, wenn man sie nicht hat.

Sprache ist

Mit jeder Sprache wird man ein neuer Mensch, hat mal jemand gesagt. Ich glaube, Sprache ist eine Brücke zwischen Menschen.

Glück ist

Es gibt einen Unterschied zwischen Glück haben und glücklich sein. Glück ist nichts Materielles. Glück ist Zufriedensein. Wenn man sich keine Sorgen machen muss – ich glaube, dann bin ich glücklich.

Ein besonders schöner Moment in meinem Leben bisher war

Der letzte schönste Moment war, als ich den Anruf mit der Einladung zum Bewerbungsgespräch für das Freiwilligenjahr bekommen habe. Danach habe ich geheult. Ja wirklich! Weil ich so überhaupt nicht wusste, was ich nach der Schule machen sollte. Da hab ich die Bewerbung geschrieben, mir aber keine Chancen ausgerechnet, darum war ich total überrascht.

Ein besonders schwieriger Moment in meinem Leben bisher war

Als meine Schwester nach Peru gegangen ist, wir sie zum Flughafen gebracht haben und sie im Eingang zum Sicherheitsbereich verschwunden ist.

Das gebe ich den anderen Freiwilligen mit auf ihren Weg

Es erstaunt und freut mich, dass wir uns alle so gut verstehen. Ich habe von jedem etwas mitgenommen. Ich freue mich darauf, wenn wir alle zurückkommen und einander erzählen. Ich glaube, ich habe selten so eine stimmige Gruppe erlebt, sehr unterschiedliche Menschen, aber ich habe wirklich mit jedem mindestens ein gutes Gespräch gehabt.

Das gebe ich mir selbst mit auf den Weg

Dass ich Dinge zurücklasse, die mir sehr wichtig sind, die mich aber nicht zurückhalten sollten, sondern mich bestärken. Und wenn ich in Indien in ein Loch falle, dass ich mich dann daran erinnern sollte, was ich daheim habe, dass ich das auf keinen Fall vergessen darf.

Paula Grzesiek

Nach der Rückkehr

Diese Eigenschaft an mir ist besonders wichtig

Ich glaube, dass ich sehr unterschiedlich sein kann, je nachdem, mit wem ich zusammen bin. Ich habe aber auch gemerkt, dass das alles zu mir gehört, dass ich mich da nicht verstelle. Manchmal bin ich dann eben sehr ruhig, vor allem in Gruppen. Aber mit manchen Freunden mache ich total viel Blödsinn und kann viel Spaß haben, ich habe unterschiedliche Facetten.

Meine größte Schwäche ist

Schwächen eingestehen (lacht).

Das macht mich zufrieden

Handwerkliche Arbeit, also Arbeit, bei der ich sehen kann, dass ich etwas gemacht habe. Und schwierige Situationen überstanden zu haben.

Das macht mich wütend

In unserem Supermarkt daheim gibt es eine Theke, an der man Ananas und Kokosnüsse kaufen kann. Seit ich aus Indien zurück bin, steht da ein Schwarzer mit afrikanischem Gewand, im Hintergrund läuft Trommelmusik, er verkauft die Ananas. Und die Leute gehen hin und sagen, »Ach, ist das nett hier.« So etwas macht mich wütend, diese Falschheit.

Das hat mir das vergangene Jahr gebracht

Zu sehen, dass mir nicht alles so gelingt, wie ich das will, weil die Situation es nicht zulässt oder ich mich nicht genug durchsetzen kann. Dass das aber auch in Ordnung ist.

Diese Angst musste ich überwinden

Die Angst, keinen Eindruck zu hinterlassen. Nichts zu erreichen und zurückzugehen, ohne etwas hinterlassen zu haben.

Vom nächsten Jahr erhoffe ich mir

Ich habe mich für eine Ausbildung zur Hebamme beworben. Ich möchte etwas lernen, das mir Spaß macht und freue mich wieder auf einen festen Arbeitsalltag und geregelte Freizeit. Ich habe auch wieder Lust, mich hinzusetzen, zu lesen und etwas zu lernen.

Das habe ich zurückgelassen

Freunde, ich merke jetzt schon, dass man den Kontakt doch nicht so halten kann. Und ich lebe jetzt wieder mit mehr Leichtigkeit, ich habe also auch so ein bisschen Schwere in Indien gelassen. Ich habe mir dort sehr viele Gedanken gemacht, in Deutschland kann ich alles wieder ein wenig lockerer nehmen.

Vermissen werde ich

Manche Jesuiten aus der Kommunität, die Kinder und ein bisschen die spontane Gastfreundschaft, wenn ich zu einer Familie gegangen bin und zum Essen eingeladen wurde.

Liebe ist mir begegnet in

Zehn Mädchen. Die waren Novizinnen und haben mir sehr gezeigt, wie schön sie es finden, dass ich da bin. Egal, was ich mit denen gemacht habe, die waren immer begeistert und haben sich jedes Mal bedankt, dass ich zu ihnen gekommen bin und was mit ihnen gemacht habe. Da habe ich richtig gemerkt, dass sie mich lieben und da war es dann total schön, zu denen zu gehen.

Gelernt habe ich

Ich habe angefangen zu schreiben. Das habe ich vorher noch nie gemacht und hätte auch nicht gedacht, dass ich das könnte und gerne mache. Ich habe Tagebuch geschrieben, einen Blog – nicht nur mit Eindrücken, sondern auch mit kleinen Essays und Zeitungsartikeln. Beim Schreiben habe ich viel gelernt.

Bestürzt hat mich

Bestürzt hat mich, wie in Indien Angestellte behandelt werden, also die Köchin und Wäscherinnen und Fahrer. Und auch, wie die Lehrer ihre Schüler behandelt haben. Und bei den Kindern setzt sich das dann fort, da haben die älteren Jungs dann gedacht, sie dürften die jüngeren schlagen. Dieses Denken, dass manche Menschen mehr wert sind als andere, hat mich bestürzt.

Der Abschied fiel mir schwer von

Den zehn Novizinnen, die ich unterrichtet habe, von manchen Jesuiten und von Indien als Land.

Gutes tun bedeutet

Ein Jesuit hat uns mal vorgerechnet, wie viele Menschen man in seinem Leben glücklich macht, wenn man nur eine Person am Tag glücklich macht. Gutes tun ist einfach, jemanden glücklich zu machen.

Armut ist

Sich ausgeschlossen fühlen.

Luxus ist

Sich etwas zu gönnen, was man eigentlich nicht braucht.

Glauben bedeutet mir

Ich habe diesen Glauben gehabt, dass mich etwas begleitet, dass mich eine Kraft begleitet, und der habe ich total vertraut. Durch das ganze Jahr hindurch und ja, die hat mir viel bedeutet.

Einsamkeit ist

Zu denken, dass keiner einen schätzt und liebt und keiner sieht, was in einem steckt.

Glück ist

Glück hat mit Überraschung zu tun. Glück hat man, wenn man es nicht erwartet.

Ein besonders schöner Moment in meinem Leben war bisher

Der Abschied aus Deutschland, der war total traurig, weil ich zu der Zeit in Deutschland gerade sehr glücklich war. Aber durch diesen Abschied ist irgendwie sehr viel Liebe freigesetzt worden, weil so viele Leute mir nochmal sagen wollten, wie schön es ist, dass sie mich kennen, und das habe ich durch ganz viele Briefe nochmal gesagt bekommen. Das war ein sehr schöner Moment und dann auch das Zurückkommen. Denn da geschah das Gleiche in Indien, plus die Wiedersehensfreude in Deutschland (lacht).

Ein besonders schwieriger Moment in meinem Leben war bisher

Immer Zeiten, in denen ich mich entscheiden musste, was ich als Nächstes tue. Nach dem Abitur hatte ich kurz diese Unklarheit, bis ich die Zusage für Indien bekommen habe. Dann bin ich zurückgekommen, es gab kurz Wiedersehensfreude und dann stand ich schnell wieder vor der Frage: Ja, und jetzt? Dann habe ich irgendwann gesagt, ich will eine Ausbildung zur Hebamme machen, da ging es mir wieder besser.

Das gebe ich den anderen Freiwilligen mit auf den weiteren Weg

Dass es immer Leute gibt, die einen verstehen. Nach der Rückkehr haben viele von uns gemerkt, dass es schön ist, seine Freunde wiederzusehen, dass die aber nicht verstehen, was man so erlebt und gesehen hat. Aber es gibt schon immer überall Leute, die einen doch verstehen.

Das gebe ich mir selbst mit auf den Weg

Zufriedener mit mir selbst zu sein und stolz drauf, was ich gemacht habe.

Marlen Schupp

Jahrgang 1995
Abiturientin
Kisslegg

Einsatzland Bosnien
Mitarbeit in einem Kindergarten und einem
Bürgerzentrum in Tuzla

Das kann ich besonders gut
Zuhören vielleicht, und Rat geben.

Diese Eigenschaft an mir ist besonders wichtig
Das ist schwierig – vielleicht, dass ich eine treue Seele bin.
Wenn es jemandem nicht so gutgeht, versuche ich dann
schon für denjenigen da zu sein.

Meine größte Schwäche ist
Dass ich nicht so gut auf Leute zugehen kann, dass ich immer ein bisschen für mich bleibe und scheu bin.

Mein Held / Heldin ist
Menschen wie Mutter Theresa finde ich sehr inspirierend.
Menschen, die mit sich im Reinen sind und die andere dazu
anleiten können.

Das macht mich glücklich
Schöne Abende miteinander zu verbringen und »Schwätzle
zu halten«.

Das macht mich traurig
Dass Menschen sich selbst viel antun.

Das macht mich zufrieden
Wenn ich merke, dass sich Leute gegenseitig bereichern und
gut verstehen.

Das macht mich wütend
Wenn Menschen auf ihrer Meinung beharren und andere
Standpunkte nicht zulassen. Die Haltung in Gesprächen
finde ich sehr wichtig.

Vom nächsten Jahr erhoffe ich
Dass es mir neue Perspektiven bringt. In Deutschland ist jeder in seiner eigenen Alltagswelt gefangen, auch weil man
so viele Aufgaben hat und keine Möglichkeiten, mit anderen
Menschen und Kulturen in Kontakt zu treten.

Vom nächsten Jahr befürchte ich
Dass ich ein bisschen Eingewöhnungsschwierigkeiten haben
werde, weil ich ja nicht so aus mir rausgehe. Ich muss innerlich immer so richtig Anlauf nehmen, sonst funktioniert
bei mir gar nichts. Vielleicht wird die Herausforderung auch
zu groß, vielleicht komme ich mit der Sprache nicht zurecht
oder mit meinen Aufgaben, aber das wird sich zeigen.

Das lasse ich gern zurück
Die Voreingenommenheit in Deutschland. Bei mir in der
Klasse war das so, jeder war in seiner Clique und hat kaum
versucht, mit anderen in Kontakt zu kommen, weil er ja aus-
reichend Leute um sich versammelt hatte.

Dieses Buch nehme ich auf jeden Fall mit
Ein E-Book, damit ich ganz viele Bücher lesen kann. Auch
die Bibel möchte ich mitnehmen. In Tuzla leben vorwiegend
Muslime, auf die Begegnung freue ich mich, da ich nicht viel
über den Islam weiß.

Vermissen werde ich
Meine Familie auf jeden Fall und ein, zwei Freunde, mit denen ich so richtig lachen kann. Menschen, bei denen ich
mich verstanden fühle und nicht groß was erklären muss,
die werde ich wahrscheinlich vermissen.

Weihnachten erwarte ich
Ich hoffe auf eine Weihnachtsmesse und einen Mini-Christ-
baum vielleicht. Und Schnee, ich denke schon, dass es kalt
wird.

Für meinen Geburtstag wünsche ich mir
Eine kleine nette Runde, in der wir gemeinsam feiern.

Verändern wird sich an mir bestimmt
Vielleicht werde ich selbständiger.

Lernen möchte ich
Offener auf andere zuzugehen, meine Hemmungen zu überwinden, zum Beispiel einfach mal auf der Straße mit jemandem zu reden.

Familie bedeutet mir

Gemeinschaft und gegenseitiges Vertrauen.

Gutes tun bedeutet

Sich selbst zurückzunehmen und dem anderen Bedürfnisse zu erfüllen.

Armut ist

Dass man sich selbst unwohl fühlt und denkt, man sei wertlos oder zumindest weniger wert als die Anderen.

Luxus ist

Das ist eine schwierige Frage (lacht). Sorglos zu sein, ja, das ist es.

Glauben bedeutet mir

Die Hoffnung, dass wenn alles Dunkel ist, dann von irgendwoher doch noch ein kleiner Lichtstrahl einfällt und ein bisschen die Sinne erleuchtet.

Freiheit bedeutet

Dass man sich entscheiden kann, was man tut und wofür man es tut. Für mich das höchste Gut.

Heimat ist

Da, wo man sich geborgen fühlt.

Heimweh ist

Die Sehnsucht nach Geborgenheit.

Sprache ist

Ein Mittel zur Verständigung, aber nicht das einzige.

Glück ist

Sich vollkommen sicher zu fühlen. Zu wissen, dass man die Freiheit, über sein Leben zu entscheiden, nicht verliert.

Ein besonders schwieriger Moment in meinem Leben bisher war

Wenn ich dachte, ich sei machtlos und mich irgendwo nicht integrieren konnte. Wenn ich die Position des Außenseiters einnehmen musste, weil ich wie gefangen in mir selbst war.

Das gebe ich den anderen Freiwilligen mit auf ihren Weg

Dass sie nie die Geduld verlieren und jede Begegnung, sei sie negativ oder positiv, als Moment sehen, der sie selbst heilen soll. Jede Begegnung ist eigentlich ein Anstupser, der einem sagt: Da ist noch etwas in dir, das geheilt werden muss.

Das gebe ich mir selbst mit auf den Weg

Den Mut nie zu verlieren und mich auch an denen festzuhalten, die für mich da sind. Und ich will das Jahr auch dazu nutzen, etwas durchzuhalten, ohne Wenn und Aber.

Marlen Schupp

Nach der Rückkehr

Das kann ich besonders gut
Vor dem Jahr dachte ich, ich könne besonders gut zuhören, aber das hat sich nicht bestätigt (lacht). Ich kann nachdenken und mir die Zeit zum Nachdenken nehmen.

Meine größte Schwäche ist
Dass ich meine Schwächen immer sehr betone und mich darin verliere.

Das hat mir das vergangene Jahr gebracht
Ich bin aufmerksamer geworden, nehme genauer wahr, wie meine Umwelt ist, auch wenn ich Menschen sprachlich nicht verstanden habe. Ich kann offener auf Menschen zugehen, besser zu mir selbst stehen, meine Meinung auch bestimmter vortragen.

Diese Angst musste ich überwinden
Viele (lacht). Die Angst, den Erwartungen nicht zu entsprechen, also auch, meinen eigenen Erwartungen nicht zu entsprechen. Davon ging alles aus. Ich hatte manchmal Angst, nicht zu genügen.

Vom nächsten Jahr erhoffe ich mir
So ein paar Momente von Bosnien wieder aufleben lassen zu können. Ich kann sie nicht wiederholen, aber vielleicht in einer anderen Weise wieder fühlen. Dieses Gefühl, frei zu sein, sich von seinen Ängsten zu lösen. Ich werde Sozialwissenschaften in Augsburg studieren und möchte nach dem Bachelor aufhören, weil ich nicht nur graue Materie lernen will, sondern wirklich aktiv werden und mit Menschen arbeiten will.

Das habe ich zurückgelassen
Liebgewonnene Menschen, manche Ängste, das Gefühl, sorglos zu leben. Jetzt steht mir wieder ein Neustart bevor, das ist für mich wieder mit Sorgen verbunden.

Vermissen werde ich
Die Freiheit, auf sich selbst achten zu dürfen, sich nicht nach anderen richten zu müssen. Und die Freundlichkeit der Menschen, die immer total bemüht waren, dass es mir gutgeht.

Liebe ist mir begegnet in
Meinen Kolleginnen. Es hat sehr lange gebraucht, bis ich sie wirklich einschätzen konnte. Sie wollten einfach, dass es mir gutgeht, dass ich mich wohlfühle. Das war total wichtig. Sie haben viel in Bewegung gesetzt, damit ich mich besser fühle. Das hat sehr gut getan.

Verändert hat sich an mir
Ich kann Dinge besser hinnehmen, muss mir nicht über alles Neue gleich ganz viele Gedanken machen.

Gelernt habe ich
Entspannt zu warten. Zum Beispiel, weil der Bus einfach kommt, wenn es dann richtig ist (lacht). Alles ging irgendwie seinen Weg, anders als geplant, aber am Ende hat es immer funktioniert. Also habe ich gelernt, die Dinge einfach auf mich zukommen zu lassen und danach erst zu urteilen.

Überrascht hat mich
Ich hatte am Anfang eine schwierige Zeit. Mich hat überrascht, dass sich das gegeben hat. Es hat sich zwar nicht in Luft aufgelöst, aber ich habe mich am Ende wohlgefühlt.

Was war so schwierig am Anfang?
Die Kommunikation, ich hab mich unter Druck gesetzt, ganz viel Bosnisch zu lernen und habe ganz lange gar nicht gesprochen. Ich wusste, ich sollte, aber ich habe mir innerlich diesen Druck aufgebaut und dann habe ich mich schlecht gefühlt und dann habe ich gar nichts mehr gesagt, weil ich mich schlecht gefühlt habe. Das hat sich dann so hochgeschaukelt.

Bestürzt hat mich
Meine Kollegin hat mir von ihrer Kriegsgeschichte erzählt. Mich hat bestürzt, dass mich das emotional gar nicht so erreicht hat. Man hört das, aber man kann es nicht wirklich nachempfinden, es beschäftigt einen nicht auf lange Sicht, das fand ich erschreckend.

Der Abschied fiel mir schwer von
Meinen Kolleginnen und von meiner Sprachlehrerin, die mir auch zur Freundin geworden ist.

An der Ankunft war schön

Dass mich meine ganze Familie in München abgeholt hat und meine Mama gleich auf mich zugestürmt ist. Doch, das war schön.

An der Ankunft war schwer

Dass manche Dinge gleich geblieben sind und sich sogar noch verhärtet haben, Streitpunkte mit meinem Vater zum Beispiel.

Familie bedeutet mir

Geborgenheit und dass man sich alles sagen kann. Aber zu Familie gehört auch, dass man sie loslässt und dass es auch schön ist, loszulassen, sich zu befreien.

Gutes tun bedeutet

Das zu tun, was einem das Innerste sagt, darauf zu hören und das dann auch umzusetzen.

Armut ist

Sich ein Leben zu erträumen, das einem nicht möglich ist.

Luxus ist

Alle Möglichkeiten zu haben. Und sich Zeit nehmen zu können für Begegnungen mit Menschen.

Glauben bedeutet mir

Das Vertrauen, dass alles gut wird.

Freiheit bedeutet

Mich auf den Weg machen zu dürfen, um mich selbst und auch meine Grenzen besser kennenzulernen.

Heimat ist

Dort, wo Menschen sind, die das Gute in dir anstoßen.

Heimweh ist

Sich alleine zu fühlen.

Einsamkeit ist

Denken, dass man es nicht alleine schafft.

Sprache ist

Sich ausdrücken zu können, sagen zu können, was man denkt und was man fühlt. Aber zu Sprache gehört auch, dass man das manchmal nicht kann, dass man dann stumm und sprachlos ist.

Glück ist

Mit den Gegebenheiten zufrieden zu sein, aber auch den Blick dafür zu haben, was man ändern könnte. Und Menschen zu finden, die einen dabei begleiten.

Ein besonders schöner Moment in meinem Leben war bisher

Ich bin oft vom Sprachunterricht heimgelaufen und war irgendwie ganz erfüllt. Ich glaube, das lag daran, dass ich mich wirklich angenommen gefühlt habe. Schön ist auch zu erfahren, dass Menschen manchmal in einem ganz anderen Kulturkreis die gleichen Erfahrungen machen.

Ein besonders schwieriger Moment in meinem Leben war bisher

Sich total sprachlos zu fühlen, sich nicht ausdrücken zu können, sich verlassen zu fühlen, seine Eindrücke mit niemandem teilen und einordnen zu können.

Das gebe ich den anderen Freiwilligen mit auf den weiteren Weg

Dass alle Erfahrungen gut sind, auch die negativen. Man muss nicht sofort etwas daraus lernen, dafür darf man sich Zeit geben.

Das gebe ich mir selbst mit auf den Weg

Das Gleiche (lacht). Aber vor allem, dass ich stark bin – auf meine Weise.

Maximilian Krainz

Jahrgang 1986
Student Lehramt für Physik und katholische
Religion
Erfurt

Einsatzland Tansania
Assistenzlehrer an einer High-School und
einer Grundschule in Dodoma

Diese Eigenschaft an mir ist besonders wichtig
(lacht) Sicher meine Größe, die fällt schon auf. Dann habe
ich einen gewissen Ruhepol in mir, andererseits gibt es die
total chaotischen oder provozierenden Spitzen.

Meine größte Schwäche ist
Manchmal möchte ich mich sehr heraushalten aus den Dingen um mich herum. Das könnte im nächsten Jahr relevant
werden. Zum Beispiel spiele ich manchmal gern Gitarre nur
für mich, dann haben aber natürlich die anderen nichts
davon. Ich glaube, dahinter steht eine gewisse Unsicherheit,
meine Rolle zu finden, abzuwägen, was von mir erwartet
wird und was davon mir zu viel ist.

Das macht mich glücklich
Musizieren (lacht). Geselligkeit, aber manchmal bin ich
auch total glücklich, wenn ich nur für mich alleine unterwegs bin oder vielleicht jemanden bei mir habe, mit dem
man auch gut schweigen kann und das einfach mal genießt.
Auch die Erfahrung von Zuneigung macht natürlich glücklich. Oder Vorfreude. Auch Vorfreude auf den Gottesdienst
zum Beispiel, wenn ich weiß, wir haben die Messe gut vorbereitet und werden sie feierlich gestalten. Da freuen sich auch
andere mit, dann macht mich die Vorfreude glücklich.

Das macht mich traurig
Unsicherheit: Wo gehöre ich hin, was ist meine Rolle? Wenn
man darauf keine Antwort bekommt, keine Bestätigung findet. Ablehnung und Gleichgültigkeit machen mich traurig.
Und in gewissem Maß auch Hilflosigkeit, wenn ich in bestimmten Situationen nicht handeln konnte. Aber da geht es
wohl nicht so sehr um Trauer, das wurmt mich eher.

Vom nächsten Jahr erhoffe ich
Wirklich in die neue Kultur einzutauchen und in einen le-
bendigen Austausch zu kommen. Ich hoffe auch, dass es mir
gelingt, aus dieser Perspektive das eigene Leben und die eigene Lebensweise zu reflektieren und daraus Konsequenzen
zu ziehen, etwa, mein Konsumverhalten zu verändern. Dann
möchte ich dieses Jahr nutzen, um wirklich ansprechbar zu
sein für die Leute vor Ort, und auch nochmal besonders für
Gott. Ich werde ein Jahr da sein, Zeit haben, keine großen
Verpflichtungen haben, vielleicht an meinem Blog schreiben.
Ich werde sicher auch nicht so viel Kontakt zu Deutschland
halten, zu meiner Familie natürlich, aber begrenzt. Ich war
schon mal acht Monate in Israel und habe das dort auch so
gehalten und da hatte ich das Gefühl, wirklich vor Ort zu sein.

Vom nächsten Jahr befürchte ich
Dass es mir nicht schnell und gut genug gelingt, die Sprache zu lernen, um wirklich Zugang zu den Menschen zu
bekommen. Dass ich von den Verantwortlichen vor Ort zu
wenig Wertschätzung erfahre. Dass ich dann selbst anfange,
das Jahr zu hinterfragen oder nicht mehr genau weiß, was
das Ganze eigentlich soll. Dabei erwarte ich nicht, dass man
mir jeden Tag sagt, wie toll es ist, dass ich da bin. Es geht
eher um allgemeine Überlegungen zum Sinn von Freiwilli-
gendiensten. Ich denke schon manchmal darüber nach, ob
es wirklich nötig ist, dass wir in Länder wie Afrika gehen, und
ob es nicht sinnvoller wäre, etwas in Deutschland zu machen.

Das lasse ich gern zurück
Den ganzen Leistungsdruck von der Uni. Für mich beginnt
ein neuer Lebensabschnitt mit anderen Maßstäben. Dann
freundschaftliche Beziehungen, das ist ein guter Moment,
da mal eine Pause zu machen. Gern zurück lasse ich auch
den Überfluss in Deutschland. Ich hatte das Glück, die vergangenen anderthalb Jahre in einer WG zu wohnen, in der
es sehr einfach zuging und trotzdem war auch immer sehr
viel da. Gastfreundlichkeit war wichtiger als warmes Wasser
oder übergroße Hygiene. Es war eine sehr schöne Erfahrung
zu sehen, mit wie wenig man glücklich sein kann.

Familie bedeutet mir
Mit Familie assoziiere ich Dankbarkeit. Sie bedeutet mir viel,
aber seit Beginn des Studiums habe ich auch eine gewisse
Entfremdung bemerkt. Meine Eltern machen ihr Ding, ich
mache meines, und da kann ich auch sagen: Ihr habt noch
drei andere Kinder. Ich habe also eine gewisse Gelassenheit,

auch wenn ich daran denke, dass es in Afrika mal gefährlich werden könnte.

Glauben bedeutet mir
Ein wichtiger Ausgangspunkt, von dem aus ich denken und handeln kann.

Freiheit bedeutet
Freiheit ist die Befreiung von Zwängen und Verhaltensmustern. Dem Einzelnen wird eine gewisse Individualität zugestanden. Zugleich hat Freiheit auch viel mit festem Grund zu tun, auf dem man stehen muss, um seine Freiheit überhaupt ausüben zu können. Freiheit ist darum auch stark mit Heimat verknüpft.

Glück ist
Nicht bloß Zufriedenheit, sondern auch das Wissen, von anderen angenommen zu sein.

Ein besonders schöner Moment in meinem Leben bisher war
Zum Beispiel ein kleines Konzert, das ich mit meiner Band gegeben habe. Da sind Leute gekommen, die ich nur halb erwartet hatte, das war dann ein sehr schöner Abend. Oder Momente bei Freizeiten mit anderen Jugendlichen. Ich habe mal eine sehr schöne Musikwoche mitgemacht, bei der ich viel lernen konnte und eine sehr lebendige Runde erlebt habe. Und meine acht Monate in Israel habe ich auch als riesiges Geschenk wahrgenommen.

Ein besonders schwieriger Moment in meinem Leben bisher war
Momente der Einsamkeit und auch der Glaubenskrise.

Das gebe ich den anderen Freiwilligen mit auf ihren Weg
Die Bitte um Gottes Segen für ihren Weg und den Wunsch, dass es ihnen gelingen möge, vor Ort wirklich anzukommen und sich angenommen zu fühlen. Interessante Erfahrungen und die Fähigkeit, sie auch wahrnehmen und mit großer Freude und Dankbarkeit annehmen zu können.

Das gebe ich mir selbst mit auf den Weg
Den Wunsch, mich einlassen zu können, nicht in Stereotype zu verfallen oder in zu großen Pessimismus, sollte ich die Früchte der eigenen Arbeit nicht sehen. Immer wieder neu anzufangen und spannenden Menschen zu begegnen. Gerade in Gebieten, die wir krisenhaft nennen, kann man sicher besondere Persönlichkeiten kennenlernen, die seit Jahrzehnten dort arbeiten, sicher Rückschläge erlebt haben und trotzdem von positiven Erfahrungen berichten können und glücklich sind über ihre Arbeit. Auf solche Begegnungen hoffe ich.

Maximilian Krainz

Nach der Rückkehr

Das kann ich besonders gut
Musik machen, Gitarre spielen, malen, kreative Sachen.

Diese Eigenschaft an mir ist besonders wichtig
Vielseitigkeit, wurde mir oft gesagt, viele Talente, meine Körpergröße (lacht).

Das macht mich glücklich
Gemeinsam musizieren.

Das macht mich traurig
Hilflosigkeit und Unverständnis.

Das macht mich zufrieden
Eine positive Rückmeldung.

Das hat mir das vergangene Jahr gebracht
Ich konnte als Lehrer sehr viel lernen, auch wenn ich gern eine Art Betreuung wie im Referendariat gehabt hätte. Ich habe im Unterrichten eine riesige Freude verspürt. Ich weiß noch nicht, ob meine Fähigkeiten reichen, um ein richtig guter Lehrer zu werden, aber es macht zumindest Freude. Ich habe viele kulturelle Einblicke gewonnen, auch wenn ich durch den Schulkontext mehr mit der Ober- und Mittelschicht zu tun hatte. Trotzdem hat das meine Weltsicht geweitet. Es war auch schön, in einer internationalen WG zu leben, lauter *Jesuit Volunteers*, aus Amerika und Großbritannien vor allem, da konnte ich sehr viel lernen und hatte zumindest teilweise auch das Gefühl, etwas geben zu können.

Diese Angst musste ich überwinden
In bestimmte Sachen wurde ich einfach reingestoßen. An meinem ersten Tag an der High-School sollte ich zuerst nur hospitieren, aber schon auf dem Weg zur zweiten Stunde sagte der Physiklehrer, dass er eigentlich Anderes zu tun hätte: Geh du mal rein. Da stand ich dann alleine vor der Klasse, das ging ganz fix, da hatte ich gar keine Zeit, Angst zu haben.

Vom nächsten Jahr erhoffe ich mir
Dass ich mich beruflich weiterentwickle. Jetzt steht erst mal mein Referendariat an. Und dann ist etwas im vergangenen Jahr deutlich zu kurz gekommen, weil ich so wenig Zeit hatte, dabei hatte ich mir gerade das erhofft, nämlich mein Glaube. Da bleibe ich dran.

Das habe ich mitgebracht
Ein paar neue Lieder – auf Kisuaheli, aber auch eigene. Viele schöne Erinnerungen. Vielleicht auch diese Bestätigung, den Weg des Lehramts auch wirklich weitergehen zu wollen.

Das habe ich zurückgelassen
Die andere Kultur, in der ich mich sehr wohlgefühlt habe. Den Gottesdienst auf Kisuaheli zum Beispiel fand ich viel schöner als auf Englisch. Und ich habe auch im Chor mitgesungen und getanzt. Diese Lebendigkeit und auch Allgegenwärtigkeit des Glaubens, der Religion, war immer wichtig. Es gibt eine tiefe Gläubigkeit in Tansania, aber keine Naivität, obgleich das auch ein wenig vom Bildungsstand abhängt. Also wenn ich mich mit den Jesuiten unterhalten habe, das war sehr reflektiert, aber trotzdem liberal. Das war angenehm. Aber manchmal habe ich mir auch gedacht, dass man bestimmte Sachen mit ein paar Handgriffen so viel einfacher erledigen könnte, ohne gleich in einen Optimierungswahn zu verfallen. In manchen Dingen sind die Tansanier wirklich langsam, das geben sie auch zu.

Vermissen werde ich
Den Sonnenschein und die Gastfreundlichkeit. Ich hoffe, dass ich das in mein Leben mehr übernehmen kann. Und dieses Zeithaben für einander. Manchmal ist das auch Rumlungern. Viele haben halt nicht viel zu tun, haben so ihren kleinen Stand, verdienen mit irgendetwas ein bisschen Geld. Aber auf der anderen Seite haben die Menschen wirklich Zeit für einander, gegenseitige Beziehungen spielen eine sehr große Rolle. Das Eingebundensein in eine Gruppe. In Europa zählt das Individuelle, die individuelle Freiheit, das ist in Tansania nicht so wichtig.

Liebe ist mir begegnet in
Liebe im Sinne der christlichen Nächstenliebe gerade in Kommunitäten von Schwestern, die sich um die Kinder kümmern und sehr herzlich sind. Wir haben mal einen Schulausflug zu so einer Gemeinschaft gemacht. Die Schwestern haben uns total lieb bekocht, mit riesigen Portionen, das haben selbst die Kinder nicht geschafft. Dann haben die

Schwestern mit ihnen noch ein bisschen Volleyball gespielt. Das waren besondere Orte, wo Christen ihre Berufung und ihre Mission gelebt haben.

Bestürzt hat mich
Mich hat bestürzt, dass mich vieles nicht bestürzt hat. Die Lehmhütten am Straßenrand, die einfachen Betonbauten, die Sandstraßen, dass man draußen auf dem Feuer kocht, mir erschien das alles sehr normal. Ich konnte nicht wirklich bestürzt sein über die Armut, das hat mich schon ein bisschen bestürzt.

Familie bedeutet mir
Besonders zu Weihnachten war es für mich wichtig zu wissen, dass meine Brüder mit meinen Eltern gefeiert haben, aber es war nicht schlimm, dass ich nicht da war. Ich bin natürlich dankbar für meine Kindheit und ich empfinde auch die Verantwortung, einen guten Kontakt zu meinen Eltern zu halten. Aber bestimmte Ansichten werden schwieriger zu vermitteln. Von daher ist es so: Ich gehe meinen Weg, Familie ist wichtig, aber das große Heimweh ist da nicht mehr.

Gutes tun bedeutet
Sich des Nächsten anzunehmen.

Armut ist
Dass Menschen in einem Umfeld leben, in dem es schwierig ist, auf Besserung zu hoffen. Armut ist besonders an gesellschaftliche Ausgrenzung gekoppelt und bedeutet, Angst um das Überleben zu haben.

Glauben bedeutet mir
Ich habe die katholische Kirche nochmal ganz anders wahrgenommen – als Weltkirche. Das war sehr schön. Wenn man in einen Gottesdienst geht und weiß, was da passiert. Glauben bedeutet für mich, in Gemeinschaft auf einer Mission zu sein und gemeinschaftlich mit Gott zu Gott unterwegs zu sein.

Freiheit bedeutet
Ich habe viel über Freiheit nachgedacht. Freiheit ist die Eröffnung von Möglichkeiten, auf der anderen Seite braucht man ein festes Fundament, um auf diese Möglichkeiten zuzugehen. Also Freiheit ist immer gekoppelt an Bindung.

Einsamkeit ist
Unverstanden und unbeachtet zu sein.

Das gebe ich den anderen Freiwilligen mit auf den weiteren Weg
Den Wunsch, dass dieses Jahr wirklich prägend sein wird. Und den liebevollen Blick aus der ignatianischen Spiritualität beizubehalten.

Das gebe ich mir selbst mit auf den Weg
Nach meiner Berufung Ausschau zu halten und den Weg mutig zu verfolgen.

Anna-Lena Königbauer

Jahrgang 1994
Abiturientin
Sulzbach-Aichach

Einsatzland Bulgarien
Mitarbeit in einem Sozialzentrum für
Straßenkinder in Sofia

Diese Eigenschaft an mir ist besonders wichtig

Ich kann sowohl gut zuhören als auch viel reden. Ich bin vielfältig. Ich denke, das ist wichtig, wenn man ins Ausland geht. Eigentlich bin ich schüchtern, kann aber auch aus mir rausgehen, wenn ich die Leute ein bisschen kenne.

Meine größte Schwäche ist

Ich bin sehr selbstkritisch. Ich gehe alles zielstrebig an, wenn dann etwas nicht so hinhaut, wie ich das will, habe ich daran zu knabbern.

Das macht mich zufrieden

Wenn ich was erreicht habe, das Abi zum Beispiel. Die Schulzeit war schön, aber es ist auch gut, etwas in der Hand zu haben, ein Abiturzeugnis. Das ist zwar nicht viel, aber erreicht hat man etwas.

Das macht mich wütend

Egoismus. Wenn Menschen durch die Welt laufen, ohne sich um andere Sorgen zu machen, einfach nur ihren Weg gehen, ohne Rücksicht auf andere zu nehmen.

Vom nächsten Jahr erhoffe ich

Ich hoffe auf eine schöne, selbstständige Zeit mit meiner Mitbewohnerin in der gemeinsamen Wohnung. Dann möchte ich die Sprache lernen, etwas von der bulgarischen Kultur mitbekommen und bei den Jugendlichen, mit denen wir arbeiten werden, Anschluss finden. Ich hoffe, dass wir gut aufgenommen werden und ihnen ein bisschen Spaß bringen.

Das befürchte ich vom nächsten Jahr

Sprachprobleme und Heimweh.

Das lasse ich gerne zurück

Ich lasse gerne mal den Fernseher zurück, weil der doch immer ablenkt, vor allem abends, wenn man müde ist und es dann einfacher ist, sich vor den Fernseher zu setzen als etwa ein Buch zu lesen. Ich freue mich darauf, ein Jahr nicht abgelenkt zu werden.

Dieses Buch nehme ich mit

»Krieg und Frieden« von Tolstoi, weil ich es mal angefangen und nie geschafft habe, es zu Ende zu lesen. Es zieht sich wirklich hin. Ich werde es mitnehmen und hoffe, dass ich es lese.

Weihnachten erwarte ich

Weihnachten erwarte ich, dass es sehr schwer wird, weil die Familie natürlich daheim ist, andererseits freue ich mich, Weihnachten in einer ganz neuen Kultur kennenzulernen mit ganz anderen Bräuchen. Ich möchte auch Plätzchen backen, um ein bisschen was von der deutschen Kultur zu zeigen.

Für meinen Geburtstag wünsche ich mir

Dass ein paar Menschen aus Deutschland an mich denken, dass man nicht ganz in Vergessenheit gerät, wenn man ein Jahr weg ist.

Verändern wird sich an mir

Vielleicht werde ich ein bisschen introvertierter, ruhiger, selbstsicherer und gelassener, weil man ja doch einiges gemeistert haben wird.

Lernen möchte ich

Die Sprache und eine angemessene Art, mit den Menschen umzugehen, damit sie sich mit mir wohlfühlen.

Der Abschied fällt mir schwer von

Von meiner Familie und meinen Freunden. Das werde ich auch ein bisschen verdrängen, schätze ich, sonst steige ich am Ende nicht in diesen Bus nach Bulgarien. Nein, ich freue mich wirklich riesig und ich kann ganz gut Abschied nehmen. Wir sind ein paar Mal umgezogen in meiner Kindheit, ich kenne das, allerdings musste ich mich natürlich nicht von meiner Familie trennen.

Vermissen werde ich

Familie und Freunde. Vor allem Familie, weil ich sehr eng mit meiner Familie verbunden bin und wir uns sehr gut verstehen. Und einfache Dinge wie ein gemeinsames Abendessen werde ich bestimmt vermissen.

Familie bedeutet mir

Sehr viel, das ist für mich zu Hause, ein Ort zum Zuhören, auch wenn es mal Streit gibt.

Gutes tun bedeutet

Menschen ein gutes Gefühl zu vermitteln.

Armut ist

In sehr vielen Formen in Deutschland vorhanden, materiell, aber auch soziale Armut, wenn man niemanden zum Reden hat.

Luxus ist

In einer Welt zu leben, in der man sagen kann, was man möchte. Meinungsfreiheit gehört für mich dazu, aber natürlich auch, materiell so abgesichert zu sein, dass es einem an nichts fehlt.

Glauben bedeutet mir

Sehr viel. Glaube ist bei jedem Menschen unterschiedlich. Mir gibt er Kraft und Hoffnung – vor allem in schwierigen Situationen, die bestimmt auch im nächsten Jahr auf mich zukommen werden.

Freiheit bedeutet

Sagen zu können, was ich möchte. Gehen zu können, wohin ich möchte, ohne Angst haben zu müssen.

Heimat ist

Bayern! (lacht) Wenn man die Berge sieht und diese kleinen Dörfer – wenn man die sieht, das ist Heimat.

Heimweh ist

Wenn man die Menschen vermisst, die einem etwas bedeuten und mit ihnen keinen körperlichen Kontakt haben kann.

Glück ist

Wenn ich zufrieden bin.

Ein besonders schöner Moment in meinem Leben bisher war

Einer der schönsten Tage im Jahr ist, wenn meine Freundin aus Rosenheim mich besuchen kommt oder ich sie besuchen kann. Das ist wie ein Heimkommen, weil wir früher dort gewohnt haben und weil wir uns so gut verstehen, auch wenn wir lange nichts voneinander haben hören lassen. Deswegen mache ich mir bei ihr zum Beispiel keine Sorgen. Wir werden uns nach dem Jahr bestimmt wiederfinden, das haben wir schon mal geschafft.

Ein besonders schwieriger Moment in meinem Leben bisher war

Von meiner Oma Abschied nehmen zu müssen, als sie gestorben ist. Ich war zwar früher schon öfter mit dem Tod in Berührung, weil ich Ministrantin war und bei vielen Beerdigungen gedient habe. Aber ein persönlicher Fall ist etwas anderes.

Das gebe ich den anderen Freiwilligen mit auf ihren Weg

Den Kopf nicht hängen lassen, auch wenn es mal nicht gut läuft! Das ist ganz normal im Leben. Es geht auf und ab. Die anderen Freiwilligen schaffen das bestimmt alle super und werden den Menschen vor Ort viel mitgeben. Ich fühle mich sehr wohl in der Gruppe mit ihnen, dieses Gefühl werden sie auch anderen vermitteln.

Das gebe ich mir selbst mit auf den Weg

Mir nicht so viel Druck zu machen. Einfach mal alles auf mich zukommen zu lassen, es wird schon werden.

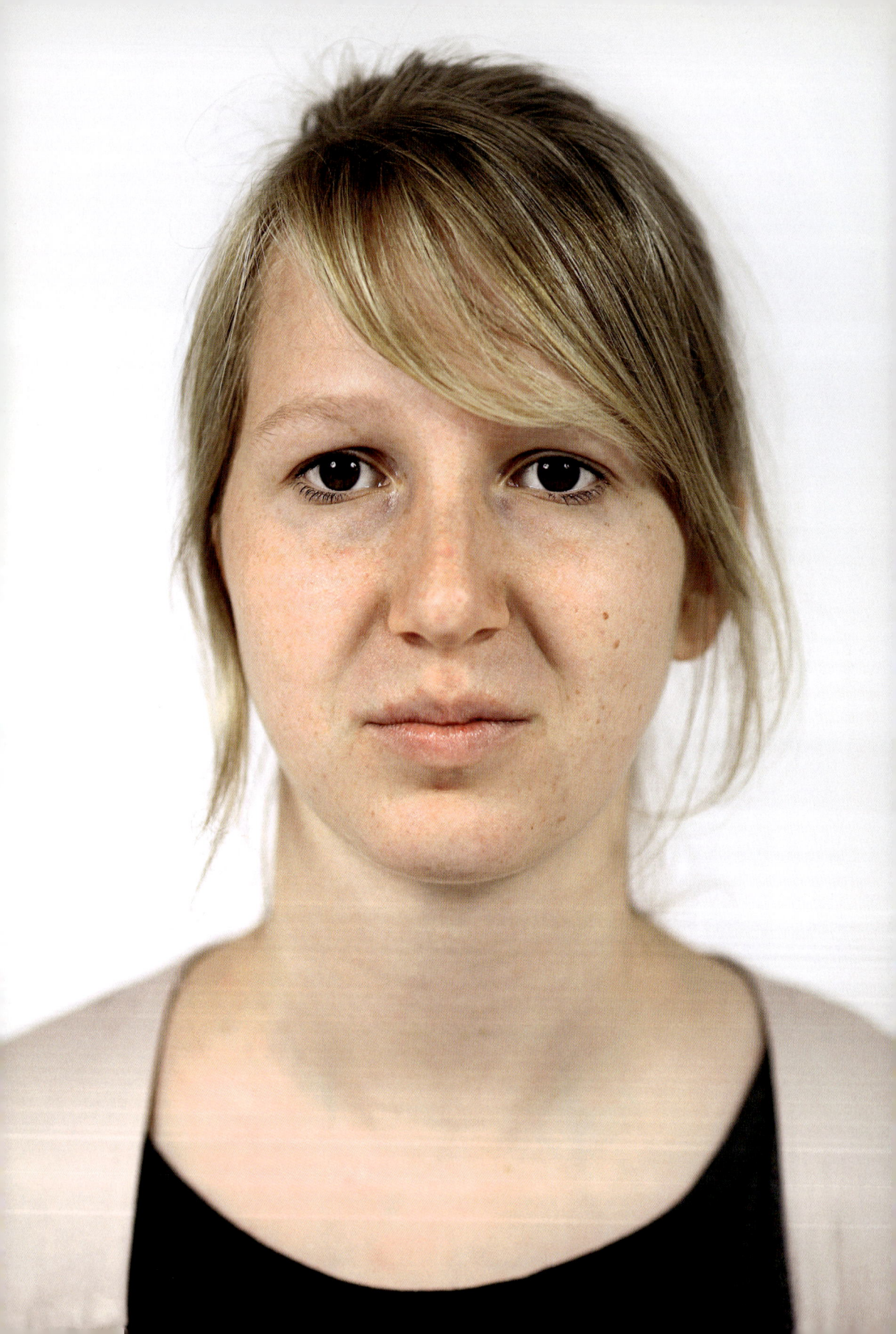

Anna-Lena Königbauer

Nach der Rückkehr

Diese Eigenschaft an mir ist besonders wichtig

Dass ich in Bulgarien war. Ich habe einen anderen Blickwinkel bekommen, das merke ich auch in Gesprächen mit Freunden, wenn ich da manchmal sagen muss: Seht das doch mal anders.

Das macht mich glücklich

Mit Freunden in einem Park zu sitzen mit einem Bier in der Hand.

Das macht mich wütend

Die korrupte Politik und Polizei in Bulgarien.

Das hat mir das Jahr gebracht

Neue Perspektiven. Ich habe viel Armut gesehen, aber auch unglaublich schöne Situationen erlebt. Wir waren zum Beispiel auf der Hochzeit eines jungen Erwachsenen aus unserer Einrichtung. Auch der Sommer in Bulgarien war sehr, sehr schön.

Diese Angst musste ich überwinden

Ich hatte Angst, dass ich viele Situationen nicht würde meistern können. Die gab es dann auch. Wir hatten zum Beispiel einen Alkoholiker im Zentrum. Das war eigentlich nicht vorgesehen, er war auch zunächst trocken, ist dann aber rückfällig geworden. Es war Winter und wenn wir ihn nicht aufgenommen hätten, hätte er die Nacht nicht überlebt. Da war ich sehr überfordert, ich hatte Nachtschicht und war verantwortlich für 30 andere Menschen, und er war auch noch da, sturzbetrunken mit Schmerzen im Bauch. Zuerst dachte ich, dass ich gleich selbst ausflippe, aber ich wusste, dass ich für die Anderen Ruhe ausstrahlen musste, dass die mich brauchten. Und das hat dann auch irgendwie funktioniert. Auch für den Mann, ihm geht es wieder gut und er ist jetzt seit langer Zeit trocken.

Das erhoffe ich vom nächsten Jahr

Dass ich ein Gleichgewicht finde zwischen Deutschland und Bulgarien. Weil ein Teil meines Herzens noch immer in Bulgarien ist und dort auch immer bleiben wird. Aber ich hoffe, dass es ein wenig einfacher wird, zwischen diesen Welten zu leben. Ich werde anfangen, Sozialwirtschaft in Nürnberg zu studieren. Eine Mischung aus sozialer Arbeit, BWL und Wirtschaft.

Das habe ich mitgebracht

Gelassenheit, das habe ich gleich bei meiner Rückfahrt gemerkt. Ich bin erst mit einer ehemaligen Freiwilligen nach Dresden gefahren, und von Dresden musste ich noch mit dem Zug nach Hause. Auf der Strecke ist eine Frau von einem Zug erfasst worden und es gab eine Unterbrechung und alle haben sich furchtbar aufgeregt. Ich habe mich einfach auf den Boden gesetzt, habe meine Leberkäs-Semmel gegessen und erstmal ein Bier getrunken. Ich konnte ja nichts machen.

Vermissen werde ich

Mein zweites Zuhause, mein Bulgarien. Sowohl die Arbeitsstelle als auch die Leute drumherum – mein Leben in Sofia.

Liebe bin ich begegnet in

So vielen Menschen, in kleinsten Handlungen und Gesten, aber auch in größeren. Einmal bin ich mit einem unserer Klienten in die Stadt gegangen, der von minimaler staatlicher Unterstützung lebte. Da ist uns eine Bettlerin begegnet, und er hat ihr Geld gegeben. Das fand ich schon eine starke Geste. Ein paar Tage später sind wir der Frau wieder begegnet, da hatte er kein Geld mehr und war sehr traurig, dass er ihr nichts geben konnte. Ich habe ihm gesagt, dass er doch selbst nichts hat. Darauf sagte er: »Ja, aber ich wohne ja immerhin bei euch, ich hab einen Schlafplatz und eine warme Mahlzeit, mir geht's doch besser als ihr.« Da hatte ich eine Gänsehaut.

Überrascht hat mich

Ich bin sehr naiv in den Einsatz gegangen, wusste nicht genau, was mich in Bulgarien erwartet. Manche Zustände haben mich wirklich überrascht. Da gibt es Slums, wie man sie sich in Afrika oder Indien vorstellen würde. Mich hat überrascht, dass es die in Europa gibt, im tollen Europa!

Bestürzt hat mich

Diese Machtlosigkeit gegenüber der Politik. Als wir nach Bulgarien kamen, gab es gerade eine große Protestbewegung, die Menschen haben fast ein Jahr für ihre Rechte demonstriert, verändert hat sich nichts. Immer noch dieselbe Regierung, immer noch dieselben korrupten Politiker.

Gutes tun bedeutet
Mit einem offenen Herz, mit einem offenen Blick durch die Welt zu laufen und jemandem ein Lächeln zu schenken, wenn man kann.

Armut ist
Etwas Allgegenwärtiges, das wir nur oft nicht sehen und nicht sehen wollen.

Glauben bedeutet mir
Das ist für mich eine wahnsinnig schwierige Frage geworden. Ich glaube, mein Glaube hat sich sehr verändert, ich habe in dem Jahr auch viel gezweifelt. Ich suche jetzt nach meinem eigenen Weg und finde gerade wieder zu meinem Glauben. Vor dem Jahr bin ich jeden Sonntag in die Kirche gegangen, das habe ich in Bulgarien fast nie gemacht. Anfangs schon noch, da hat es mir auch gutgetan, aber irgendwann dann nicht mehr. In Deutschland wird jetzt wieder von mir erwartet, dass ich jeden Sonntag gehe. Ich habe auch kein Problem damit, ich finde meinen Weg schon wieder, aber es hat sich doch einiges verändert.

Ein besonders schöner Moment in meinem Leben bisher war
Als ich festgestellt habe, wie sehr ich mich in diesem Jahr verändert, und auch, wie sich die Menschen um mich herum ein bisschen verändert haben. Ich meine die kleinen Dinge: Wenn mir jemand gesagt hat: Es ist gut, dass du da bist und lass dich mal in den Arm nehmen.

Ein besonders schwieriger Moment in meinem Leben bisher war
Als ich vor Situationen stand, die sehr schlimm waren, die ich aber nicht verändern konnte. Momente der Machtlosigkeit.

Das gebe ich den anderen Freiwilligen mit auf ihren Weg
Bewahrt eure Offenheit und euer Durchhaltevermögen. Es ist nicht immer leicht, aber es lohnt sich sehr. Und immer mit offenem Herzen, mit offenem Blick durch die Welt gehen, dann erwartet einen ganz viel, das man entdecken kann.

Das gebe ich mir selbst mit auf den Weg
Locker bleiben (lacht). Es gibt viele Dinge, die ich nicht verändern kann. Aber wenn ich kann, schaffe ich das auch.

Maria Reiter

Jahrgang 1990
Physiotherapeutin
Krems

Einsatzland Argentinien
Mitarbeit in einem Förderzentrum für
körperlich und geistig behinderte Kinder
und Jugendliche in Orán

Das kann ich besonders gut
Leichtathletik, mit Leuten reden, spontan sein.

Diese Eigenschaft an mir ist besonders wichtig
Kreativität.

Meine größte Schwäche ist
Dass ich rede, bevor ich denke.

Das macht mich traurig
Allein zu sein, verlassen zu sein, keinen Glauben zu haben.

Vom nächsten Jahr erhoffe ich
Dass ich ganz viele positive Erfahrungen mitnehmen kann.
Und dass ich einen gemächlichen Berufseinstieg habe, weil
ich ja mein Studium gerade erst abgeschlossen habe. Allerdings dürfte das schwierig werden, weil ich mit Kindern
arbeiten werde, die neurologische Probleme haben, das ist
schwierig. Ich hoffe auch, dass ich einen guten Zugang zu
den Menschen bekomme, auch auf einer nonverbalen Ebene.
Ich werde ja Elterngespräche führen müssen, obwohl ich
noch nicht so gut Spanisch kann, also muss ich das eher
über Zeigen und über den Körperausdruck machen. Ich hoffe
auch, dass ich noch mehr Selbstvertrauen bekomme und das
auch den Leuten mitgeben kann.

Vom nächsten Jahr befürchte ich
Dass mich keiner versteht, dass mein Spanisch nicht ver-
ständlich ist und dass ich überfallen werde, weil die Kriminalität doch nicht zu unterschätzen ist.

Das nehme ich unbedingt mit
Meine Laufschuhe, meine Slackline, damit ich das vielleicht
mal mit den Kindern machen kann, meinen Fotoapparat.

Das lasse ich gern zurück
Negative Erfahrungen wie meinen Studienabschluss. Ich
möchte einen neuen Anfang machen, ohne Vorurteilen zu
begegnen.

Dieses Buch nehme ich auf jeden Fall mit
Die Bibel.

Für meinen Geburtstag wünsche ich mir
Dass mich die Leute anschreiben, und dass sie nicht nur
schreiben »Happy Birthday«, sondern dass sie sich wirklich Zeit nehmen, sich hinsetzen und eine richtige E-Mail
schreiben.

Verändern wird sich an mir bestimmt
Dass ich vielleicht ein bisschen von meinem negativen und
egoistischen Denken runterkomme, weil ich so ein bisschen
der Alphamensch, der Egomensch bin, der schon immer
seine Vorteile sucht. Ich hoffe, dass ich einen weiteren Blick
für die anderen bekomme und sensibler werde für den Umgang mit Leuten, die sonst vielleicht nicht mehr ins Zentrum
kommen, obwohl sie die Hilfe eigentlich brauchen.

Lernen möchte ich
Spanisch mit argentinischem Slang. Und den Umgang mit
Kindern. Ich habe früher oft auf die Kinder von Nachbarn
aufgepasst, die waren bei mir immer still. Also hoffe ich, dass
das in Argentinien auch funktioniert, obwohl ich im Moment
gar keinen Umgang mit Kindern habe. Ich sehe da auf jeden
Fall ein Potenzial.

Der Abschied fällt mir schwer von
Meinem Zuhause, dem Wald, dem ganzen Grün drumherum.
Auch die argentinische Mentalität ist sicher ganz anders —
wilder als bei uns. Einerseits freu ich mich darauf, andererseits gibt es sicher wenig Orte, an die man sich zurückziehen
kann, wo man nichts hört. Das werde ich bestimmt vermissen. Und das Essen!

Familie bedeutet mir
Viel Rückhalt. Ich habe mir immer eine große Familie gewünscht und bin gespannt, wie das in Argentinien ist. Da
sind die Familien ja doch eher größer und Freunde sind auch

Familie. Das finde ich schön und hoffe, dass ich von diesem Miteinander etwas mitnehmen kann.

Gutes tun bedeutet
Für andere da zu sein.

Armut ist
Keine Entscheidungsfreiheit zu haben

Luxus ist
Mehr als das zu haben, was notwendig ist. Zum Beispiel einen Ring für 10.000 Euro.

Glauben bedeutet mir
Ich bin sehr gläubig aufgewachsen, hatte eine Rebellionsphase und bin wieder gut zurückgekommen. Ich habe einen Gebetskreis gegründet und bin gespannt, wie das Pfarrleben in Argentinien sein wird, ob man sich da einbringen kann, das wäre schön.

Einsamkeit ist
Nicht so schön! (lacht) Ich bin einfach ein Gemeinschaftsmensch und es wäre für mich schrecklich, wenn ich in Argentinien alleine gelassen würde.

Glück ist
Glück kann man immer und überall finden. Glück muss man einfach für sich definieren. Glück ist auch abhängig von Lebensfreude, ob man pessimistisch in den Tag lebt oder jeden Tag optimistisch sagt: Der heutige Tag wird super – und am nächsten Tag sagt man das Gleiche.

Ein besonders schöner Moment in meinem Leben bisher war
Als ich klein war, habe ich mit meinem Papa viele Sportausflüge gemacht. Da war ich der Sonnenschein, habe mein Glücklichsein ausgestrahlt. Ich habe auch mal bei einer Jugendwallfahrt eine Frau erlebt, die war total aufgelöst. Da habe ich sie einfach umarmt und sie war so glücklich, dass ich auch glücklich war. Jemandem eine Freude zu machen, dem es nicht so gut geht, das macht mich am glücklichsten.

Ein besonders schwieriger Moment in meinem Leben bisher war
Abgewiesen zu werden, gesagt zu bekommen, du kannst nichts. Solche persönlichen Dämpfer sind schwierig für mich.

Das gebe ich den anderen Freiwilligen mit auf ihren Weg
Lebe deinen Tag als wäre es nicht der letzte, aber der beste.

Das gebe ich mir selbst mit auf den Weg
Meinen Frohsinn nicht zu verlieren, und einen guten Umgang mit den Menschen zu finden, niemanden in Schubladen zu stecken, sondern das Gute in ihnen zu erkennen.

Maria Reiter

Nach der Rückkehr

Das kann ich besonders gut
Leute motivieren.

Diese Eigenschaft an mir ist besonders wichtig
Dass ich in allem das Positive entdecken kann.

Meine größte Schwäche
Dass ich Dinge sehr schnell persönlich nehme.

Das macht mich zufrieden
Meine Freunde.

Das macht mich wütend
Allein zu sein.

Das hat mir das vergangene Jahr gebracht
Ich bin viel gelassener und reflektierter geworden. Und ich kann mich besser in Menschen hineinversetzen. Ich habe tolle und richtig schlechte Erfahrungen gemacht. Ich hatte zum Beispiel Schwierigkeiten mit meiner Chefin, die mich ihre Autorität sehr hat spüren lassen. Aber wegen der Kinder bin ich geblieben, die Arbeit mit ihnen hat toll funktioniert, bei einigen habe ich nach kurzer Zeit schon Fortschritte gesehen. Das hat mich motiviert, weiterzumachen. Einige Kinder sind aber auch nur sehr unregelmäßig gekommen, da war die Arbeit dann schwierig.

Vom nächsten Jahr erwarte ich
Ich hoffe, dass sich die Wünsche erfüllen, die ich für meine Zukunft habe.

Das habe ich mitgebracht
Gelassenheit und die Erinnerung an ein ganz anderes Lebensgefühl. In Argentinien hat man Zeit für seine Freunde, verbringt den ganzen Tag miteinander, da muss man sich nicht verabreden.

Das habe ich zurückgelassen
Meine Freiheit. Und vielleicht auch meine Sturheit.

Vermissen werde ich
Das Leben in Argentinien, die Kultur, die Lebensfreude, das Laute, dass immer etwas los ist.

An meinem Geburtstag habe ich
Torte gegessen, gesungen, gefeiert.

Liebe bin ich begegnet in
Den Freundschaften, die ich dort aufgebaut habe. Man lernt mit jedem neuen Freund auch immer die ganze Familie kennen und wird Teil der Familie. Und in den kleinen Dingen ist mir Liebe begegnet, in dem Hund, den wir im Projekt hatten zum Beispiel, der war sehr liebebedürftig und anhänglich.

Verändert hat sich an mir
Viele Einstellungen, etwa, dass nicht immer alles sofort passieren muss. Und wie ich mit Menschen umgehe. Ich habe gelernt, dass man sich Zeit nehmen muss, zuzuhören.

Gelernt habe ich
Eine Menge als Physiotherapeutin, dass man spontan sein und Dinge ausprobieren muss. Und Salsa tanzen habe ich gelernt.

Überrascht hat mich
Dass die Leute in Argentinien ganz im Hier und Jetzt leben und überhaupt keine Zukunftsängste haben.

Bestürzt hat mich
Die soziale Lage von vielen Menschen, dass Kinder alleine leben, weil die Eltern auf dem Land wohnen oder ins Gefängnis kommen. Oder dass die Preise innerhalb eines halben Jahres in die Höhe schnellen, der Lohn aber gleich bleibt.

Der Abschied fiel mir schwer von
Meinen Freunden, von den Mamis in den vielen Familien, die ich dort hatte.

An der Ankunft war schön
Wieder österreichisches Essen zu haben und ein gewohntes, sauberes Umfeld.

An der Ankunft war schwer
Dass man so viele Eindrücke hatte, die man mit niemandem teilen konnte.

Familie bedeutet mir

Mehr als vor der Abreise. Ich habe meine Geschwister mehr vermisst als erwartet, aber es war auch gut, mal Abstand zu haben.

Gutes tun bedeutet

Nicht auf sich zu schauen.

Armut ist

Geistig arm zu sein, keine Freunde zu haben.

Luxus ist

Viele Freunde zu haben, die dich mögen, wie du bist.

Glauben bedeutet mir

Viel, das habe ich während des Einsatzes sehr vermisst. Vor der Abreise gehörte ich zu einem Gebetskreis, so etwas habe ich in Argentinien nicht gefunden.

Freiheit bedeutet

Meine Entscheidungen zu treffen.

Heimat ist

Wo sich das Herz zuhause fühlt.

Heimweh ist

Ich habe eher Fernweh.

Einsamkeit ist

Schwierig. Und in Österreich sehr gegeben, man ist schnell allein, weil die Familien auch so klein sind.

Glück ist

Das Glück liegt in den kleinen Dingen, die Freude bereiten.

Ein besonders schöner Moment in meinem Leben war bisher

In Argentinien Freunde zu finden, die mich wirklich verstehen und annehmen.

Ein schwieriger Moment

Allein zu sein.

Das gebe ich den anderen mit auf den Weg

Sie sollten sich auf alles einlassen, sich nicht zu genaue Vorstellungen von der Zukunft machen, aber einen Plan haben und ihren Werten treu bleiben.

Das gebe ich mir selbst mit auf den Weg

Die Lebensfreude nie zu verlieren.

Christian Fußel

Jahrgang 1989
Kaufmann für Bürokommunikation bei der
Telekom
Bonn

Einsatzland Mexiko
Pädagogische Mitarbeit in einer Blinden-
schule in Guadalajara

Das kann ich besonders gut
Ich habe eine ganz gute Menschenkenntnis.

Diese Eigenschaft an mir ist besonders wichtig
Ich bin selbstkritisch. Ich weiß nicht, ob das gut oder schlecht
ist. Jedenfalls bin sehr darauf bedacht, mich zu analysieren
und selbst verstehen zu lernen. Warum ich das tue, was ich
tue. Warum ich denke, wie ich denke.

Meine größte Schwäche ist
Ungeduld. Ich möchte immer alles gleich regeln und erledi-
gen. Und wenn das mal nicht geht, ist es für mich eine große
Übung, ruhig zu bleiben.

Das macht mich glücklich
Wenn ich wieder etwas mehr verstanden habe, wie das Leben
funktioniert. Selbsterkenntnis macht mich glücklich.

Das macht mich traurig
Dass man dazu neigt, sich selbst zu belügen und nicht
authentisch zu handeln.

Das macht mich zufrieden
Wenn ich mich in einem Umfeld befinde, in dem ich mich
frei bewegen kann, ohne verurteilt zu werden.

Das macht mich wütend
Bevormundung. Das hat mich schon als Kind wütend gemacht.

Vom nächsten Jahr erhoffe ich
Dass ich neue Seiten an mir kennenlernen werde und daraus
die richtigen Schlüsse für meine Zukunft ziehe. Ich werde ja

eine ganz andere Arbeit machen als bisher bei der Telekom,
dafür möchte ich die ganze Energie und Stärke auspacken,
die im Büro nicht gefragt ist. Ich hoffe, dass ich mein Herz
in die neue Arbeit geben darf.

Vom nächsten Jahr befürchte ich
Dass ich ohne Antwort zurückkehre, ohne Orientierung gefunden zu haben, wie ich weitergehen soll.

Das nehme ich unbedingt mit
Meine Gitarre, vielleicht kann ich die für meine Arbeit mit
den Kindern gebrauchen. Ich habe vor vier Monaten angefangen zu spielen, da wäre es schade, jetzt wieder aufzuhören.

Das lasse ich gern zurück
Den Büroalltag mit der ganzen Oberflächlichkeit.

Dieses Buch nehme ich auf jeden Fall mit
Aktuell gibt es ein Buch, das heißt »Vom Glück in der Natur
zu sein«. Der Titel ist eigentlich irreführend. Das Buch sollte
man auf jeden Fall mal lesen, wenn man sich Gedanken
macht über die Welt, in der man lebt.

Vermissen werde ich
Natürlich meine Familie und die Leute, die mir ans Herz
gewachsen sind.

Für meinen Geburtstag wünsche ich mir
Eine Pinata! *(Bunte Figur, die bei Kindergeburtstagen
in Mexiko mit Süßigkeiten gefüllt wird, Anm. der Red.)*
Ich will auch so was! Auf jeden Fall!

Verändern wird sich an mir bestimmt
Der Blick auf meine Umwelt. Darum gehe ich ja weg.

Lernen möchte ich
Nichts Konkretes. Ich möchte andere Seiten an mir ausleben
und ausprägen. Bei der Arbeit mit Kindern geht es ja um dein
Herz, dein Inneres, darum, was du ihnen mitgibst. Ich freue
mich, dass ich das jetzt mal kompromisslos leben und mich
selbst testen darf.

Familie bedeutet mir
Sehr viel, weil das die Menschen sind, die dich kompromisslos akzeptieren, lieben und für dich da sind.

Gutes tun bedeutet

Füreinander da zu sein.

Armut ist

Ein schwieriger Begriff. Es gibt ja Menschen, die in Wenigem viel erkennen. Aber ich möchte Armut nicht verharmlosen nach dem Motto, je weniger du hast, desto kreativer wirst du. Für mich bedeutet Armut, niemanden zu haben, der für einen da ist.

Luxus ist

Wenn ich kompromisslos leben darf, wie ich das für richtig halte, ohne dafür verurteilt zu werden.

Glauben bedeutet mir

Etwas, das dir trotz seiner Formlosigkeit Halt gibt.

Freiheit bedeutet

Authentisch zu leben, egal was kommt.

Heimat ist

Der Ort, an dem du dich geborgen und geliebt fühlst.

Heimweh ist

Wenn man den Ort nicht findet, an dem man sich geborgen und geliebt fühlt.

Einsamkeit ist

Ein Gefühl, das man auch in einer Gruppe empfinden kann.

Sprache ist

Ein Mittel, um meinen Gedanken eine Form zu geben und sie anderen mitteilen zu können.

Glück ist

Wenn du im Leben gefunden hast, woran dein Herz hängt – so kitschig das auch klingen mag.

Ein besonders schöner Moment in meinem Leben bisher war

Als ich den Entschluss gefasst habe, dieses Jahr zu machen. Das ist für mich nicht nur ein Abenteuer, sondern ein großer Schritt, dass ich das meiner Karriere oder einem Studium vorziehe. Weil es sich gut oder richtig anfühlt oder sogar das erste Mal wirklich wahr anfühlt. Ich muss das einfach tun.

Ein besonders schwieriger Moment in meinem Leben bisher war

Als ich begonnen habe, zu arbeiten und zum ersten Mal komplett unabhängig von der Familie auf eigenen Beinen gestanden habe. Mit 18 hatte ich die erste eigene Wohnung, da habe ich mich sehr abgekapselt von allem Möglichen, habe die neue Situation erst mal auf mich einwirken lassen, um eine Balance zu finden in meinem Leben.

Das gebe ich den anderen Freiwilligen mit auf ihren Weg

Versucht, authentisch zu sein in allem, was ihr tut! Und sprecht über eure Zweifel und Ängste, darüber, was in euch vorgeht, redet nicht drumherum!

Das gebe ich mir selbst mit auf den Weg

Geh weiter! Da ist so eine Sache, die mir immer durch den Kopf geht, wenn etwas Schweres ansteht, ein großer Umbruch, dass ich meinen Weg weitergehen will, egal was kommt.

Christian Fußel

Nach der Rückkehr

Diese Eigenschaft an mir ist besonders wichtig

Ich versuche meistens, geduldig und entspannt zu sein. Und Humor habe ich auch.

Meine größte Schwäche ist

Meine Emotionalität. Wenn ich fröhlich bin, dann sehr fröhlich, wenn ich traurig bin, dann meistens sehr traurig.

Das macht mich traurig

Wenn sich Leute schwertun, ehrlich zu sein und zu ihren Gefühlen und Gedanken zu stehen. Fassaden aufzubauen ist unnötig.

Das macht mich wütend

Leute, die sich aufgeben und sich selbst für schlecht oder wertlos erklären. Das ist so destruktiv.

Das hat mir das vergangene Jahr gebracht

Ich habe für dieses Jahr meinen Job bei der Telekom gekündigt, weil ich gespürt habe, dass ich noch andere Talente habe, besonders eine liebevolle Art, die ich ausleben möchte. Und nun habe ich ganz viel über mich gelernt, habe mit den Kindern geübt, geduldig zu sein und innere Zufriedenheit zu finden. Anfangs war ich noch orientierungslos und ein bisschen unruhig. Doch dann habe ich so ein Vertrauen in mich selbst gefunden und konnte es gut mit mir selbst aushalten. Ich hab mich nicht mehr so verrückt gemacht, weil ich erlebt habe, dass man die meisten Dinge im Leben ohnehin nicht in der Hand hat. Ich kümmere mich um alles, was in meiner Macht liegt, was ich tue, denke, fühle, alles andere gebe ich ab und vertraue darauf, dass ich da hingeführt werde, wo es für mich richtig ist.

Diese Angst musste ich überwinden

Ich hatte keine Berührungsängste mit den behinderten Kindern, sondern habe einfach intuitiv losgelegt.

Vom nächsten Jahr erhoffe ich mir

Ich mache jetzt erst einmal an einem Kolleg in Bonn das Abitur nach und möchte dann Psychologie studieren. Das hat mich schon immer interessiert und nun kann ich all die Überlegungen hinter mir lassen, dass ich mit 24 eigentlich schon dies und das erreicht haben müsste.

Das habe ich mitgebracht

Innere Zufriedenheit, dieses »Ja, dann ist das halt jetzt so«. Banales Beispiel: In Mexiko wird alles mit Gas geheizt, wenn der Tank leer ist, gibt es zum Duschen eben nur kaltes Wasser. Dann duscht man halt kalt. Das heißt nicht, dass mir jetzt alles egal wäre, aber ich kann mich mit Dingen abfinden, die nicht zu ändern sind. Ich habe diese innere Unzufriedenheit nicht mehr.

Das habe ich zurückgelassen

Ich hoffe, ich konnte das Deutschlandbild bei manchen Leuten in Mexiko ein bisschen verändern, Stereotype knacken. Dann habe ich mit Kindern gearbeitet, die eine Lernschwäche haben, die konnte ich am Ende doch ein bisschen motivieren. Ich hoffe, dass das auch von mir zurückbleibt. Was dann am Ende daraus wird, weiß ich nicht, aber ich habe mir Mühe gegeben in dem, was ich getan habe.

An meinem Geburtstag habe ich

Die anderen Freiwilligen in meiner WG haben einen Kuchen gebacken, der wurde mexikanisch traditionell erst einmal ins Gesicht gehauen. Wir wollten dann noch weggehen, haben aber Musik angemacht und ein bisschen Tequila getrunken und unsere eigene kleine Feier gemacht und sind dann erst ein paar Tage später noch in einen Club gegangen.

Verändert hat sich an mir

Mein Blickwinkel auf viele Dinge und dass ich geduldiger und zufriedener geworden bin.

Überrascht hat mich

Wie unbefangen und intuitiv ich mich an die Arbeit machen konnte.

Bestürzt hat mich

Die Psychologin an unserem Zentrum hat Eltern-Sprechstunden abgehalten. Da war ich mal dabei und habe viel gehört von Geldproblemen, häuslicher Gewalt, Alkoholproblemen und den Konflikten, die entstehen, wenn vier Generationen in einem Raum wohnen. Das hat man auch manchen Kindern angemerkt, da musste man erst mal Vertrauen aufbauen.

Der Abschied fiel mir schwer von

So schwer fiel mir der Abschied gar nicht, auch da konnte ich diese Akzeptanz üben. Es war ein gutes Jahr, ich habe viel gelernt, aber jetzt kann es auch weitergehen – ohne, dass ich Mexiko je vergessen würde.

An der Ankunft war schön

Für mich war die Ankunft in Frankfurt eher ein Schlag in den Magen. Graues Wetter, der Alltag hat mich wieder. Da musste ich mir schon Mühe geben, fröhlich rüberzukommen. Aber dann bin ich viel herumgefahren, habe Leute besucht, die Landschaft angeschaut, da kam auch die Sonne wieder raus. Aber ich habe schon ein, zwei Wochen gebraucht, um mich wieder einzuleben.

Gutes tun bedeutet

Neues wagen, auch wenn es Kleinigkeiten sind, und das dann kompromisslos zu Ende bringen.

Armut ist

Wenn man so weit ist, sich selbst aufzugeben. Das habe ich in Mexiko schon an den Gesichtern gesehen, wenn Menschen den Glauben daran verloren haben, ihr Leben noch ändern zu können.

Glauben bedeutet mir

Auf etwas zu vertrauen, was man nicht greifen, aber wenn man möchte, sehr gut spüren kann. Und bestimmte Dinge abzugeben und sich führen zu lassen.

Einsamkeit ist

Wenn man niemanden hat, mit dem man etwas teilen kann, seine Freude, sein Essen, seine traurigen Momente.

Glück ist

Glück ist, so sehr zu vertrauen, dass man dem folgt, was man fühlt.

Ein besonders schöner Moment in meinem Leben war bisher

Als ich gemerkt habe: Ja, ich komme jetzt klar mit der Sprache, mit den Kindern, ich kann die selbst unterrichten, was ich mir vorher vielleicht nie zugetraut hatte.

Ein besonders schwieriger Moment in meinem Leben war bisher

Endlich den Weg zu gehen, dem nachzugeben, was ich fühle, was ich wirklich tun sollte. Der Moment, als ich mich aus allem rausgetraut habe, gekündigt habe, das Jahr begonnen habe, so ein bisschen ins Blaue hinein. Wenn ich jetzt zurückschaue, war das gut so.

Das gebe ich den anderen Freiwilligen mit auf den weiteren Weg

Das klingt jetzt ein bisschen kitschig (lacht): Tue, was dein Herz dir sagt! Also, lass dich nicht von Worten oder Umständen beirren, sondern vertraue auf das, was du in dir fühlst.

Das gebe ich mir selbst mit auf den Weg

Dass ich auch der inneren Stimme vertrauen sollte. Wenn dann alte Situationen hochkommen oder so Panikgefühle, dann sollte ich mich weiter an das halten, was ich im vergangenen Jahr verinnerlicht habe. Ich weiß dann vielleicht gerade nicht, wie es in Zukunft weitergehen wird, aber dann ist das halt so.

Magdalene Skala

Jahrgang 1993
Abiturientin
Mainz

Einsatzland Bulgarien
Mitarbeit in einem Sozialzentrum für
Straßenkinder und Jugendliche in Sofia

Das kann ich besonders gut
Zuhören, mit anderen lachen, Musik machen.

Diese Eigenschaft an mir ist besonders wichtig
Dass ich gut zuhören kann und eigentlich immer fröhlich
bin – zumindest oft.

Meine größte Schwäche ist
Dass ich mich schnell aufrege, auch unnötig, und dass dann
rauslasse oder auch in mich hineinlasse, was natürlich auch
nicht gut ist.

Mein Held / Heldin ist
Es gibt so Kinderbuchhelden, Lotte und Luise aus »Das dop-
pelte Lottchen« zum Beispiel, die in getrennten Familien auf-
wachsen, aber doch zueinander finden.

Das macht mich glücklich
Musik und lesen.

Das macht mich traurig
Streit.

Das macht mich zufrieden
Ein gutes Miteinander.

Das macht mich wütend
Zankerei mit meiner Familie.

Vom nächsten Jahr erhoffe ich
Dass ich ganz viele neue Erfahrungen sammeln kann, die
mir die Welt auf eine neue Art zeigen. Dass auch ein paar
Hindernisse dabei sind, die zu übersteigen sind. Ich möchte

wissen, wie ich mit solchen Situationen umgehe, um mich
selbst besser einschätzen zu können.

Vom nächsten Jahr befürchte ich
Dass mir die Sprachprobleme mit dem Bulgarischen zu viel
werden.

Das nehme ich unbedingt mit
Mein Mundstück für mein Horn, weil ich hoffe, dass ich dort
irgendwo eins auftreiben kann. Ein Foto von meiner Familie
und ein Notizbuch von meiner Patin. Mal sehen, ob da Gedanken reinkommen oder irgendwann Rezepte.

Das lasse ich gern zurück
Diesen ganzen Medienrummel in Deutschland, das ist oft
einfach nur überschüttend.

Dieses Buch nehme ich auf jeden Fall mit
Ich habe mit meinen Eltern ausgemacht, dass sie mir nach
Bedarf ein Reclam-Heft schicken, weil die so gut in einen
Briefumschlag passen. Ich lese gern, auch mal Klassiker.

Weihnachten erwarte ich
Dass es wahrscheinlich völlig anders wird als zu Hause. Und
wahrscheinlich ganz schön neu und auch schwierig, weil ich
Weihnachten so gern in der Familie feiere.

Für meinen Geburtstag wünsche ich mir
Ein Feuerwerk, weil ich an Silvester Geburtstag habe.

Verändern wird sich an mir bestimmt
Mein Charakter, dass ich noch offener auf die Menschen zugehen kann, dass ich eine neue Sprache am Ende des Jahres
verstehe und auch sprechen kann und dass ich ganz viele
neue Eindrücke habe, die ich auch gerne in die Welt tra-
gen will.

Lernen möchte ich
Bulgarisch und den Umgang mit Kindern, die von der Straße
kommen. Bisher kenne ich nur Jugendarbeit in der Gemeinde,
Zeltlager, Gruppenstunde, Messdiener und so.

Der Abschied fällt mir schwer von
Auf jeden Fall von meiner Familie. Auch von der Gemeinde,
in der ich aktiv war, von der Schule, dem Orchester, von meinem Horn, meinem Klavier.

Vermissen werde ich

Familie, Freunde, mein Zimmer.

Familie bedeutet mir

Alles. Gemeinschaft, glücklich sein, wohlfühlen.

Gutes tun bedeutet

Füreinander da sein.

Armut ist

Leben und doch nicht glücklich sein können.

Glauben bedeutet mir

Viel. Zu wissen, da ist noch jemand an meiner Seite, an den ich mich auch mal im Stillen wenden kann.

Freiheit bedeutet

Zu tun und zu lassen, was ich möchte.

Geld ist

Mir meistens zu viel, ich brauche nicht viel.

Heimat ist

Der Ort, an dem ich mich wohlfühle, das ist meine Familie.

Heimweh ist

Schwierig und wird mich im nächsten Jahr bestimmt betreffen.

Sprache ist

Aufregend, neu und sehr vielfältig.

Ein besonders schöner Moment in meinem Leben bisher war

Wenn ich mit Freunden und Familie im Orchester Musik mache.

Ein besonders schwieriger Moment in meinem Leben bisher war

Zu wissen, dass ich viel zurücklasse.

Das gebe ich den anderen Freiwilligen mit auf ihren Weg

Es gibt diesen Spruch: Viele kleine Leute, an vielen kleinen Orten, die viele kleine Schritte tun, können das Gesicht der Welt verändern – damit werden wir ja alle ausgesandt. Ich wünsche allen viele positive Erfahrungen, Erfolg, eine gute Gemeinschaft untereinander und Gottes Segen.

Das gebe ich mir selbst mit auf den Weg

Offenheit für alle Dinge.

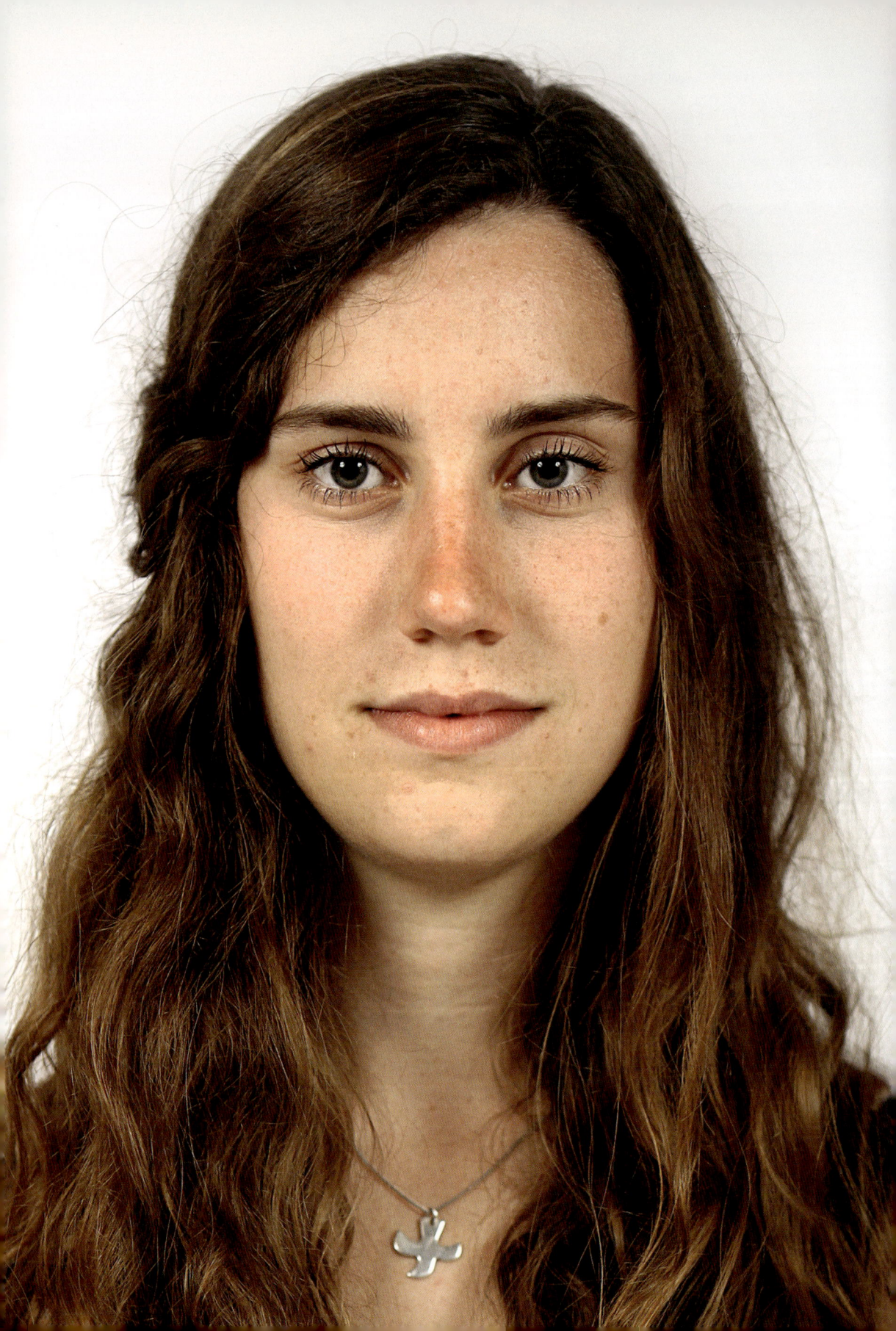

Magdalene Skala

Nach der Rückkehr

Das kann ich besonders gut
Zuhören.

Meine größte Schwäche ist
Ich glaube, dass ich nicht gut streiten kann.

Mein Held / Heldin ist
Pippi Langstrumpf (lacht).

Das macht mich glücklich
Musik.

Das hat mir das vergangene Jahr gebracht
Wunderbare Begegnungen und Erfahrungen, die hoffentlich auch noch anhalten.

Diese Angst musste ich überwinden
Erstmal dazustehen und gar nichts zu verstehen. Das war anfangs schwierig.

Vom nächsten Jahr erhoffe ich mir
Ich habe mich entschieden, soziale Arbeit zu studieren und hoffe, dass dieser Weg richtig ist. Und ich hoffe, dass nicht alle Kontakte abbrechen, weil ich nun von Mainz nach Freiburg gehe.

Das habe ich mitgebracht
Eine Bulgarien-Flagge, die ich noch in der letzten Woche gekauft habe, viele Fotos und Erinnerungen und eine Kerze, die wir bei der Arbeit im Atelier gestaltet haben.

Vermissen werde ich
Die Menschen vor Ort, die ich doch liebgewonnen habe in dem Jahr. Sowohl Kollegen als auch die Klienten.

An meinem Geburtstag habe ich
Gearbeitet. Ich habe an Silvester Geburtstag. Abends war eine Gruppe Clowns aus Frankreich da, die haben mit den Kindern so Späße gemacht, da habe ich dann einfach mitge-

macht. Die andere Freiwillige hatte Nachtschicht, da haben wir dann später noch getanzt. Um 24 Uhr mussten alle ins Bett, ich bin dann nach oben auf mein Zimmer und habe geskypt.

Liebe ist mir begegnet in
Vielen unterschiedlichen Dingen. Auch an meinem Geburtstag. Da bin ich mit einem Sozialarbeiter in die Armenviertel von Sofia gefahren, um einer Familie, deren Kinder in unser Zentrum kamen, Essen vorbeizubringen, das von unserem Fest übrig war. Da kam dann ein Mädchen von den Kindern auf meinen Arm gehüpft und hat auf Bulgarisch gesagt: »Ich liebe dich.« Das war eines der schönsten Geburtstagsgeschenke.

Verändert hat sich an mir
Ich rede mehr oder traue mich auch mehr, meine Meinung zu sagen. Ich habe mir auch zu vielen Dingen überhaupt erst eine Meinung gebildet, in der Schule ist man immer mehr so in der Gruppe mitgelaufen.

Gelernt habe ich
Bulgarisch, zumindest ansatzweise. Für die Arbeit und ein bisschen Smalltalk hat es gereicht. Über mich selbst habe ich auch einiges gelernt: Dass ich lange ruhig sein kann und dass das eine positive Ausstrahlung auf Menschen um mich herum hatte. Das ist mir oft gesagt worden: Es ist voll gut, dass du immer ruhig bleibst, es ist auch einfach schön, dass du immer lachst.

Überrascht hat mich
Dass ich das Jahr so gut überstanden habe und dass ich weniger Heimweh hatte als erwartet.

Bestürzt hat mich
Wie wenig in Deutschland über die Armut in Bulgarien bekannt ist. Das Land liegt ja nur zweieinhalb Flugstunden entfernt, aber wenn die Leute überhaupt etwas über Bulgarien wissen, dann dass man dort gut Partyurlaub machen kann.

Der Abschied fiel mir schwer von
Eigentlich allem, auch von Sofia, obwohl das eine überwiegend graue, große und auch dreckige Stadt ist. Und von den Klienten fiel mir der Abschied schwer.

An der Ankunft war schön

Dass ich erst noch drei Tage bei meinem Freund und dessen Familie auf dem Bauernhof Urlaub gemacht habe. Dann kam ich mit meinem ganzen Gepäck in Mainz am Hauptbahnhof an, meine Eltern, einer meiner Brüder mit seiner Freundin, zwei Schulkameraden und der Schulpfarrer standen da, um mich abzuholen. Die hatten mich auch alle vor einem Jahr zum Bahnhof gebracht. Alle mit einer Sonnenblume und Plakaten, das war einfach schön. Vor allem, weil einer der Schulfreunde gesagt hatte, er wäre dann schon im Urlaub, er hatte aber unter anderem wegen mir das alles um eine Woche nach hinten verschoben. Das war eine riesige Überraschung.

An der Ankunft war schwer

Dass ich seitdem nicht mehr richtig Bulgarisch geredet habe. Das fehlt mir total. Und ich habe im Moment noch gar nicht wieder einen richtigen Tagesablauf, das ist auch anstrengend. Darum bin ich schon für eine Woche zu meiner Schwester nach Bamberg gefahren, einfach, weil mir zuhause schon wieder die Decke auf den Kopf gefallen ist.

Armut ist

Unbeschreiblich, jetzt nach dem Jahr, auch wenn ich inzwischen so viel Armut gesehen habe. Die Menschen können irgendwie trotzdem glücklich sein. Armut ist für mich schwer zu definieren. Sie ist nicht kompakt oder richtig greifbar.

Luxus ist

Alle lieben Menschen um mich herum zu haben.

Glauben bedeutet mir

Um einen Halt zu wissen, auch wenn man ihn nicht sieht.

Heimat ist

Ich habe jetzt zwei Zuhause, deswegen würde ich sagen: Heimat ist da, wo das Herz ist. Meine Chefin in Bulgarien hat auch gesagt, ich solle mir vorstellen, sie gebe mir einen Schlüssel mit und ich könne immer wiederkommen. Bulgarien ist jetzt für mich auch Heimat geworden. Aber es ist genauso Heimat, hier in Deutschland zu sein.

Heimweh ist

Nicht dasselbe wie Fernweh. Jemanden oder etwas vermissen, was man in dem Moment nicht hat.

Einsamkeit ist

Wenn man sich alleine fühlt.

Ein besonders schöner Moment in meinem Leben war bisher

Als meine Geschwister nach Bulgarien gekommen sind und wir einfach mal rausgefahren sind. Das tat gut in dem Jahr. Es war schön, mal wieder jemanden Vertrautes um sich herum zu haben. Mit meinem Bruder war ich im Gebirge wandern und mit meiner Schwester habe ich eine Reise durch Bulgarien gemacht, da waren wir in vielen Städten.

Ein besonders schwieriger Moment in meinem Leben war bisher

Der Abschied aus Deutschland, aber auch wieder der Abschied von Bulgarien.

Das gebe ich den anderen Freiwilligen mit auf den weiteren Weg

Ganz viel Kraft, bei was auch immer sie machen; Mut, aber auch viel Zeit für sich und Geduld mit sich selbst und mit den anderen. Dass sie das haben, was sie brauchen.

Das gebe ich mir selbst mit auf den Weg

Mutig zu sein bei den nächsten Schritten, die jetzt kommen.

Alexandra Lederer

Jahrgang 1994
Abiturientin
Nürnberg

Einsatzland Mexiko
Mitarbeit in einem Waisenhaus für Jungen
in Guadalajara

Das kann ich besonders gut
Mich und andere in Gruppen integrieren. Und Sport: Hockey, Tennis, Fußball, Skifahren, Snowboarden, Schwimmen, alles.

Diese Eigenschaft an mir ist besonders wichtig
Dass ich hilfsbereit bin und weder zu aufgedreht noch zu ruhig, so ein Mittelding.

Meine größte Schwäche ist
Dass ich Aufgaben nicht gut abgeben kann und mich dann manchmal überarbeite. Und wenn mich etwas wirklich langweilt, sag ich das auch. Das klingt dann schon mal zu böse.

Mein Held / Heldin ist
Meine Mama, glaube ich. Sie ist zwar manchmal zerstreut, aber trotzdem schafft sie es, Familie, Beruf, Hobbys und ihre tausend Ehrenämter unter einen Hut zu bringen.

Das macht mich glücklich
Wenn ich Spaß mit Freunden haben kann.

Das macht mich traurig
Wenn es jemandem aus meinem Umfeld nicht gutgeht.

Das macht mich zufrieden
Wenn ich mit etwas Erfolg habe und weiß, dass Leute bei mir sind.

Das macht mich wütend
Wenn mein kleiner Bruder meint, er müsse meine kleine Schwester zu sehr drangsalieren.

Vom nächsten Jahr erhoffe ich
Dass ich Spaß habe und auch ein paar Jungs im Kinderzentrum ein Lächeln ins Gesicht zaubern kann.

Vom nächsten Jahr befürchte ich
Dass ich in der Arbeit nicht so gut angenommen werde und zu viel Heimweh habe.

Das nehme ich unbedingt mit
Ein gutes Buch, mein Laptop wahrscheinlich, eine Kamera und die Kette, die ich von einem guten Freund zur Firmung bekommen habe. Seitdem, also seit drei Jahren, habe ich sie durchgehend an.

Weihnachten erwarte ich
Dass alles anders wird, vielleicht auch ein bisschen einsam. Sonst gehe ich immer in die Kirche, sogar zweimal. Bei uns gibt es immer Raclette, das wird es dieses Jahr wahrscheinlich nicht geben. Aber ich hoffe, dass ich trotzdem irgendwo in die Kirche gehen kann.

Für meinen Geburtstag wünsche ich mir
Dass ein paar Leute an mich denken und dass ich einen schönen Tag habe.

Verändern wird sich an mir bestimmt
Ab und zu kann ich echt egoistisch sein. Liegt vielleicht daran, dass ich zwei jüngere Geschwister habe und mir immer alles erkämpfen musste. Ich hoffe, dass sich das im nächsten Jahr verändert. Und dass ich Spanisch sprechen lerne.

Lernen möchte ich
Spanisch. Den Umgang mit Leuten, die ganz anders leben als wir.

Der Abschied fällt mir schwer von
Meiner Familie, meinen besten Freunden.

Vermissen werde ich
Meine Eltern, meine Geschwister, meine besten Freunde und das Hockey. Wenn ich gar nicht Hockey spielen kann, dann wird das schwer für mich.

Familie bedeutet mir
Sehr viel.

Gutes tun bedeutet

Menschen, die Hilfe brauchen, zu helfen. Und Gutes für die Gemeinschaft zu tun.

Armut ist

Einerseits materielle Armut wie Hunger, kein Dach über dem Kopf, kein sauberes Trinkwasser, keine medizinische Versorgung. Aber auch so etwas wie Einsamkeit und nicht zur Gesellschaft dazuzugehören.

Luxus ist

Wenn man alles im Überfluss hat, sich alles kaufen kann. Aber auch im großen Luxus kann man ziemlich einsam sein.

Glauben bedeutet mir

Das ist für mich etwas sehr Persönliches, das nichts mit einer Institution zu tun hat. Durch den Glauben kann man auf etwas vertrauen und daraus Kraft schöpfen.

Freiheit bedeutet

Dass man den Lebensweg gehen kann, den man gehen will und sich frei bewegen darf.

Heimat ist

Da, wo ich mich zu Hause fühle. Wo meine Freunde und Familie sind.

Heimweh ist

Wenn ich Sehnsucht nach meinen Freunden und Familie habe.

Sprache ist

Ein Kommunikationsmittel. Etwas, durch das man sein Leben ausdrücken und sich anderen mitteilen kann.

Glück ist

Wenn man sich gut fühlt, zufrieden ist und für einen kurzen Moment keine Sorgen hat.

Ein besonders schöner Moment in meinem Leben bisher war

Als meine Freundin und ich vor ein paar Wochen unser Abi-Zeugnis in Empfang genommen haben. Wir sind zu einem bestimmten Lied durch die ganze Aula gelaufen, diese 30 Sekunden waren richtig cool.

Ein besonders schwieriger Moment in meinem Leben bisher war

Ich hatte zum Glück noch nicht so viele schwierige Momente. Als meine Oma gestorben ist, das war so ein Moment, oder als mein Freund und ich uns getrennt haben.

Das gebe ich den anderen Freiwilligen mit auf ihren Weg

Dass sie die Zeit genießen, Spaß haben, ihren Platz finden und hoffentlich gesund zurückkommen.

Das gebe ich mir selbst mit auf den Weg

Dass auch ich die Zeit genießen werde und es schaffe, gesund zurückzukommen – ohne Malaria!

Alexandra Lederer

Nach der Rückkehr

Das kann ich besonders gut
Mittlerweile Fußball spielen.

Diese Eigenschaft an mir ist besonders wichtig
Ich bin offen, kann mich gut auf Sachen einlassen. Und mittlerweile kann ich Dinge auch so hinnehmen, wie sie sind.

Mein Held / Heldin ist
Die beiden Psychologen, mit denen ich zusammengearbeitet habe. Sie kümmern sich wie große Geschwister um 35 Jungs. Die haben eine gute Mischung gefunden aus Disziplin und Respekt, aber ohne Geschrei. Die rasten vielleicht einmal im Monat aus. Alle anderen Betreuer, die ich kennengelernt habe, schreien jeden Tag herum.

Das macht mich glücklich
Vieles! Mit Freunden zusammen zu sein, auch meine Arbeit hat mich glücklich gemacht. Ich bin immer mit einem Lächeln nach Hause gefahren. Ich habe mich echt jeden Tag aufs Fahrrad gesetzt, habe Musik angemacht und bin dem Sonnenuntergang entgegengefahren und war einfach glücklich, weil es mit den Jungs so viel Spaß gemacht hat – Arbeiten, Fußball spielen, Kickern. Und mit den Arbeitern habe ich mich auch gut verstanden. Und seit meiner Rückkehr habe ich auch mit der Familie und alten Freunden viel gemacht. Das macht mich glücklich. Und Hockey spielen!

Das macht mich traurig
Dass es so eine krasse soziale Schere gibt in Mexiko – aber auch in Deutschland. Dass der Unterschied zwischen Arm und Reich so groß ist, dass wenige viel besitzen und alle anderen nichts.

Das macht mich wütend
Bei der Arbeit in Mexiko hat mich wütend gemacht, dass der Leiter der Einrichtung viele Jungs rausgeschmissen hat, die eigentlich eine Chance verdient hätten. Kleine Dinge machen mich auch wütend, dass manche Leute nicht darüber nachdenken, was sie sagen und einfach stur ihre Vorurteile leben und nichts von den Hintergründen wissen wollen.

Vom nächsten Jahr erhoffe ich mir
Dass mein Studium mir gefällt. Ich werde in Regensburg Geschichte und Medienwissenschaften studieren. Und ich hoffe, dass ich da gut Anschluss finde, aber auch ein paar Kontakte in Nürnberg halte und dort weiter Hockey spielen kann. Ich hoffe auch, dass meine Entscheidung gegen Lehramt richtig ist. Ich möchte schon mit Kindern arbeiten, aber nicht unter Notendruck.

Vermissen werde ich
Tacos; fünf, sechs, wirklich gute Freunde, die ich in Mexiko gefunden habe; die Jungs, mit denen ich gearbeitet habe; das Wetter, die Offenherzigkeit, das Leben auf der Straße, da spielt sich in Mexiko alles ab.

An meinem Geburtstag habe ich
Mit anderen am Strand gesessen. Wir haben ein bisschen Bier getrunken, sind danach auf eine Strandparty und ich habe den ganzen Abend barfuß im Sand getanzt. Ich habe ja sonst immer im November Geburtstag, also bei Regen und Schnee. Das war also diesmal anders und großartig.

Liebe ist mir begegnet in
Den Jungs, mit denen ich gearbeitet habe, weil sie mir viel Liebe entgegengebracht haben, auch als ich noch gar kein Spanisch konnte, da haben sie mich einfach umarmt. Am letzten Schultag haben wir eine Abschlussparty nur mit unserem Wohnhaus gemacht, und ich habe jedem Jungen ein Foto von ihnen und mir geschenkt und habe hinten etwas darauf geschrieben: Pass auf dich auf, lerne weiter gut, es gibt immer jemanden, der auf der anderen Seite der Welt an dich denkt! Da haben ein paar Jungs vor Freude geweint und sich sehr bedankt. Und dann haben sie Bilder gemalt und mir geschenkt.

Verändert hat sich an mir
Ich bin offener geworden und sehe Deutschland jetzt anders, auch meine Freunde. Ich habe halt ein Jahr mein Zuhause aus einer bestimmten Distanz gesehen, habe auch einiges verpasst und gemerkt, dass mir gar nicht so viel gefehlt hat. Ich kann jetzt gut zum Studium von Zuhause weggehen. Ich weiß, dass ich den Kontakt zu guten Freunden halten werde, das hat ja auch im vergangenen Jahr geklappt.

Überrascht hat mich

Dass Mexiko so vielfältig ist – und mehr als Tequila und Drogenkriege. Es gibt in Mexiko die Karibik, die Pazifikküste, den Golf von Mexiko, das Hochland, Mexikostadt als mega-modernes Zentrum, das aber auch alte Viertel hat. Auch Guadalajara, wo wir gelebt haben, ist eine Großstadt wie Berlin oder München, in der es Leute aus allen Szenen gibt, vom Punker über die Emos bis zu Skatern und auch die ganz normalen Leute. Es gibt in Mexiko einfach alles.

Bestürzt hat mich

In was für krassen Verhältnissen manche der Jungs leben müssen. Dass sie den Vater nicht kennen oder er Alkoholiker ist. Erschreckt hat mich auch, wie die Häuser ausschauen. Die Familien haben zwar alle Häuser, aber da steht nichts drin – keine Matratze, kein Tisch, kein gar nichts. Das Haus ist nur ein Dach über dem Kopf. Und dass viele Menschen so viel arbeiten müssen und mit dem bisschen Lohn dann doch ihre Familie nicht ernähren können.

An der Ankunft war schön

Das Wiedersehen. Mein Bruder hat mich mit einem Freund am Flughafen abgeholt. Dann haben wir meinen Leuten Bescheid gesagt und die sind zuhause vorbeigekommen. Wir saßen im Garten, haben gegrillt und Bier getrunken.

An der Ankunft war schwer

Bis jetzt noch nichts. Es ist ungewohnt, jetzt wieder zu Hause zu leben, weil ich ein Jahr alleine gemacht habe, was ich wollte. Jetzt fragen meine Eltern wieder: Wo gehst du hin, wann kommst du wieder? Ich bin nicht mehr so unabhängig. Ich verstehe die Sorgen und sag auch Bescheid, aber das ist so eine Sache.

Gutes tun bedeutet

Nicht so auf sich selbst zu schauen.

Glauben bedeutet mir

Gemeinschaft mit Freunden. Ich bin in Mexiko wenig in die Kirche gegangen, aber seit ich zurück bin, gehe ich wieder mit meinen Freunden in den Gottesdienst. Für mich ist Glaube Gemeinschaft und Halt.

Einsamkeit ist

Wenn man sich einsam fühlt. Das ist etwas Anderes als alleine zu sein. Alleine bin ich mittlerweile sogar gerne. Einsam fühlt man sich, wenn man gerne reden würde, aber niemand da ist.

Das gebe ich den anderen Freiwilligen mit auf den weiteren Weg

Lebt euer Leben, und lasst das Freiwilligenjahr ein Teil davon bleiben, das euch weiter trägt. Ich hoffe auch, dass die Freundschaften zwischen uns Freiwilligen weiter bleiben.

Das gebe ich mir selbst mit auf den Weg

Dass ich versuche, ich selbst zu sein und offen zu bleiben. Aber auch, dass ich weiß, wann ich Nein sagen muss.

Michael Ströhle

Jahrgang 1993
Grundwehrdienst nach der Matura, Konstrukteur bei den Tiroler Wasserkraftwerken Innsbruck

Einsatzland Indien
Assistenzlehrer in einem Internat für Tribals (ausgegrenzte Volksstämme) in Raiganj

Das kann ich besonders gut
Alles, was mit Logik zu tun hat. Ich kann gut organisieren, Dinge systematisch angehen.

Diese Eigenschaft an mir ist besonders wichtig
Verlässlichkeit.

Meine größte Schwäche ist
Perfektionismus, und wenn etwas nicht perfekt klappt, verliere ich den Mut, Ungeduld.

Mein Held / Heldin ist
Helden habe ich nicht, aber Vorbilder. Zum Beispiel einen Jesuiten aus Österreich, der Leiter der Marianischen Kongregation war und in Sofia ein Hilfswerk aufgebaut hat. Der ist ursprünglich auch Techniker, hat seinen Weg zum Glauben gefunden und strahlt das auch authentisch aus. Der war für mich ein Wegweiser.

Das macht mich glücklich
Nette Gemeinschaft.

Das macht mich traurig
Manchmal Einsamkeit, die kann aber auch etwas Schönes und Wichtiges sein, Hilflosigkeit.

Das macht mich zufrieden
Wenn ein Projekt vorankommt und ich einen Sinn darin sehe, weil es auch anderen Menschen nützt.

Das macht mich wütend
Wenn ich sehr viel Energie und Kraft in ein Projekt stecke und es trotzdem nicht funktioniert.

Vom nächsten Jahr erhoffe ich
Viele Erfahrungen, schöne Stunden mit den Jugendlichen und Kindern im Hostel, Hinweise, in welche Richtung mein Leben weitergehen soll.

Vom nächsten Jahr befürchte ich
Dass ich mich total überfordert fühle, vielleicht auch, dass das Gefühl der Überforderung länger besteht als ich das aushalte, dass mich das übermannt und ich das Jahr nicht durchstehe.

Das nehme ich unbedingt mit
Gelassenheit, mal sehen, wo ich die noch auftreibe.

Das lasse ich gern zurück
Zu enge Blickwinkel.

Weihnachten erwarte ich
Mal ganz anders zu erleben, vielleicht auch mal positiv aus dem zu materialistisch geprägten Weihnachten auszubrechen.

Verändern wird sich an mir bestimmt
Ich hoffe, dass ich nach dem Jahr leichter aus mir herauskomme. Ich bin schon eher introvertiert, vielleicht gewinne ich mehr Mut, einen Schritt auf Menschen zuzugehen. Und ich glaube, mein Blickwinkel wird sich verändern, andere Dinge werden wesentlich werden.

Lernen möchte ich
Mit der Situation in Indien zurechtzukommen. Ich möchte selbstständig werden, Leben lernen, für mich das Wesentliche finden, auch für die Zukunft meines Lebens.

Der Abschied fällt mir schwer von
Der Heimat, den Bergen, die geben mir sehr viel Kraft, da fühl ich mich sehr wohl und finde auch immer Ausgleich, von meinen Freunden, der Familie.

Vermissen werde ich
Meine Familie, aber ganz stark auch meine besten Freunde, meine Bundesbrüder, ich bin in einer katholischen Verbindung und da habe ich auch meine besten Freunde.

Familie bedeutet mir
Familie ist für mich sehr wichtig, aber ich möchte jetzt auch lernen, Abstand zu gewinnen, ich habe bisher daheim gelebt,

bei den Eltern, darum habe ich jetzt tief in mir auch den Wunsch, in die große weite Welt zu ziehen.

Gutes tun bedeutet

Versuchen, auf Menschen einzugehen, ihnen auf Augenhöhe zu begegnen und erst mal anzuhören, bevor man sie überrennt mit seiner Hilfe. In den Heilungsgeschichten sagt Jesus auch oft erst: Was soll ich dir tun? Das gefällt mir sehr.

Armut ist

Vielfältig. In Indien werde ich existenzielle Armut erleben, das kenne ich noch nicht, aber ich kenne soziale Armut, Menschen, die am Rande der Gesellschaft stehen, das darf man auch nicht unterschätzen. Auch an Ausgrenzung können Menschen sehr leiden, selbst wenn sie relativ gesehen noch etwas besitzen.

Luxus ist

Wenn ich eine Tätigkeit habe, die mir gefällt und meine Zukunft sichert, die sinnvoll ist und mir das Gefühl gibt, etwas Sinnvolles zu tun. Das richtige Verhältnis zwischen Arbeit und Freizeit.

Glauben ist für mich

Sehr wesentlich und essentiell, eine große Kraft. Wenn es mir gutgeht, schätze ich das sehr, weil mir mein Glaube schöne Momente noch schöner macht, aber wenn es mir schlecht geht, ist er auch sehr wichtig – als Stütze. Mir fällt dann immer der Text von Bonhoeffer ein: »Von guten Mächten wunderbar geborgen.« Man spürt das Vertrauen eines Menschen, der zwar in einer ausweglosen Situation war, aber doch gehofft hat, dass alles gut wird. Egal, wie allein man sich fühlt, der Glaube ist immer da.

Freiheit bedeutet

Selbstverwirklichung, die Freiheit, sich entfalten zu dürfen – bei der Arbeit und in der Freizeit.

Heimat ist

Tirol.

Heimweh ist

Die Sehnsucht nach den vertrauten Strukturen und Leuten, die Sicherheit vermitteln.

Einsamkeit ist

Das Gefühl, man ist alleine, auf verlorenem Posten und die Welt dreht sich rundherum und interessiert sich nicht. Das kann einem auch an einem belebten Ort passieren, den Anschluss an die Gruppe zu verlieren.

Glück ist

Von meinem vergleichenden Denken wegzukommen und mit dem zufrieden zu sein, was ich habe, damit glücklich zu sein, das wäre für mich ein großes Glück.

Das gebe ich den anderen Freiwilligen mit auf ihren Weg

Ich wünsche ihnen, dass sie die Erfahrungen machen, die sie sich erhoffen, dass sie ihren Weg finden.

Das gebe ich mir selbst mit auf den Weg

Dass ich Vertrauen in mich selbst gewinne, dass ich glauben kann, dass das schon gutgehen wird mit dem Jahr in Indien.

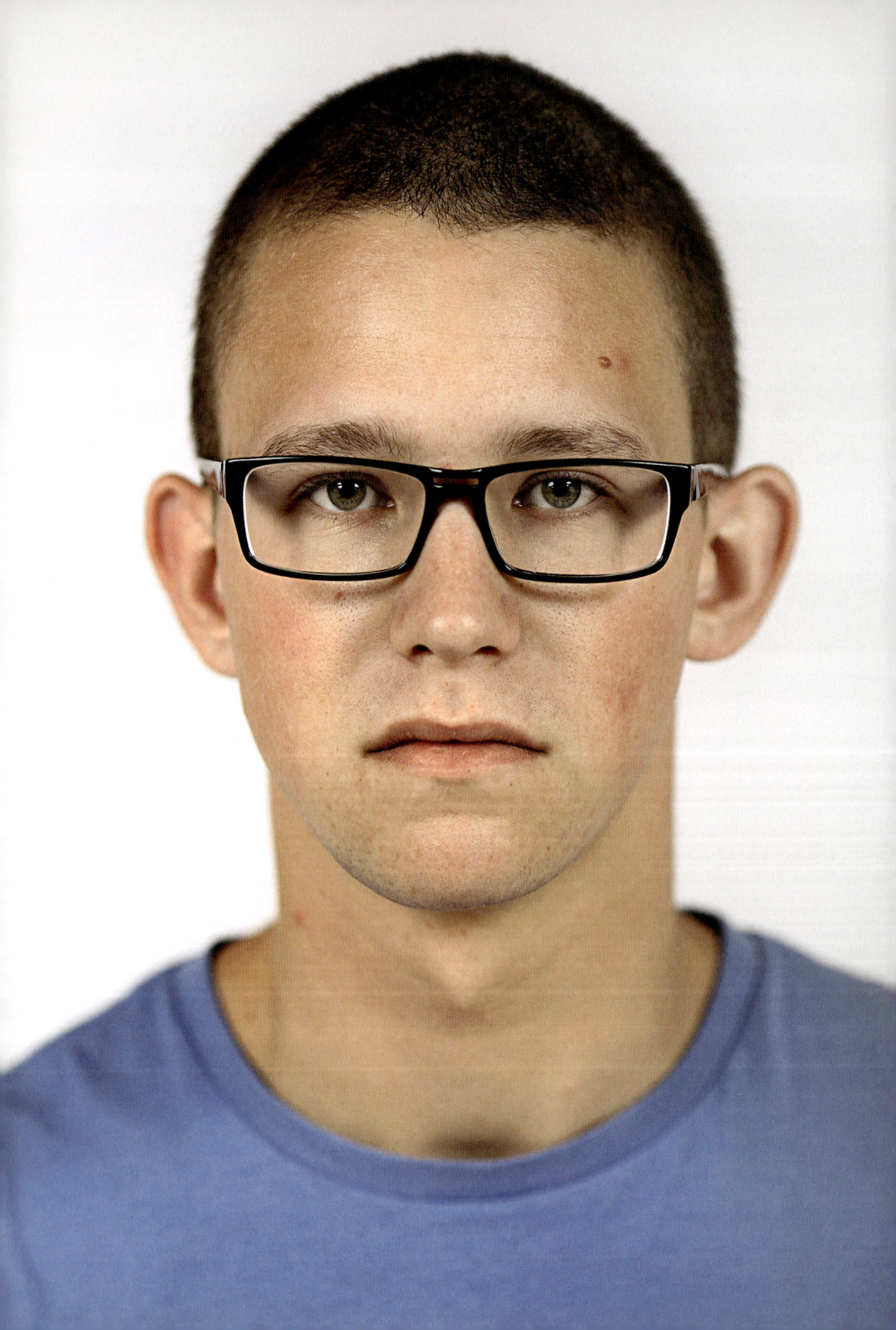

Michael Ströhle

Nach der Rückkehr

Diese Eigenschaft an mir ist besonders wichtig
Manche würden sagen, dass ich verlässlich oder organisiert bin, und motiviert vielleicht.

Meine größte Schwäche ist
Manchmal vielleicht Perfektionismus und, dass ich zu viele Sachen annehme, ungern Nein sage und dann in Stress gerate.

Das macht mich glücklich
Wenn ich das Gefühl habe, dass ich etwas erreicht habe. Dass der Tag erfüllt war. Das habe ich in Indien ein paar Mal gehabt. Das Gefühl, Zeit mit den Kindern verbracht und ihnen etwas gegeben zu haben.

Das macht mich wütend
Wenn ich das Gefühl habe, ich könnte eine Situation verbessern, aber andere Menschen lassen das aus diversen Gründen nicht zu.

Das hat mir das vergangene Jahr gebracht
Auf jeden Fall Klarheit. Ich weiß jetzt, dass ich mit Menschen arbeiten will, am liebsten mit Jugendlichen oder Kindern: Sozialarbeit, Seelsorge, da könnte ich mir einiges vorstellen. Auf jeden Fall will ich weg von einem Technikberuf. Dann natürlich viele Momente und schöne Erinnerungen an die Kinder. Aus der Arbeit mit ihnen habe ich viel lernen können, Durchhaltevermögen und mich auf meine Motivation zu konzentrieren, wenn es Konflikte gibt.

Vom nächsten Jahr erhoffe ich mir
Dass das mit dem Theologiestudium klappt. Ich hatte das schon vorher vor, aber es hat Momente gegeben, in denen ich überlegt habe umzuschwenken, aber diesen roten Faden gab es schon vorher.

Waren die Jesuiten in Indien wegweisend für deine Entscheidung?
(lacht) Weniger, da habe ich eher Probleme und Konflikte gehabt. Für mich sind die Jesuiten, die ich daheim kenne, Vorbilder. Ich finde die Arbeit, die sie machen, sehr interessant.

Das habe ich zurückgelassen
Zukunftsängste. Mir war schon klar, in welche Richtung es bei mir mit dem Studium gehen würde, aber ich weiß noch nicht, wie es danach beruflich weitergehen soll. Aber da mache ich mir inzwischen keine Sorgen mehr. Ich habe gelernt, mehr einfach so draufloszuleben.

Weihnachten habe ich so gefeiert
Das fand ich furchtbar. Weihnachten wurde in meinem Projekt nicht groß gefeiert, die Gedenktage der Heiligen waren wichtiger. An Weihnachten gab es eine Messe und das war's. Das fand ich furchtbar.

Liebe ist mir begegnet in
Der Arbeit mit den Kindern, ich denke, das war auch gegenseitig, ich hab viel zurückbekommen. Ich finde Kinder faszinierend, weil sie gar nicht viel brauchen, um glücklich zu sein und Spaß zu haben, da reicht ein Ast und Dreck, manchmal auch Wasser und Schlamm.

Verändert hat sich an mir
Meine Ängste und Ungewissheiten haben sich total relativiert in dem Jahr. Viele Fragen stellen sich gar nicht mehr, wenn man so mit den Kindern lebt, die Zustände, das Essen, Insekten im Zimmer, man gewöhnt sich an den Lebensstandard. Man merkt, dass es weniger braucht.

Gelernt habe ich
Englisch (lacht). Wenn ich sagen würde Bengali, wäre es gelogen. Auch ein bisschen den Umgang mit Kindern. Ich habe gelernt, auf die Kinder zuzugehen, ihnen nicht zu sagen, was sie tun sollen, sondern ihnen auf Augenhöhe zu begegnen. Das war mir früher auch wichtig, aber ich musste mich da erst einfinden.

Überrascht hat mich
Das gesamte Land, der Verkehr, die Häuser, das Leben im Freien. Am Anfang erschien mir das surreal.

Bestürzt hat mich
Wie viele Menschen etwa in Kalkutta auf den Straßen leben, unter Planen, und gleich gegenüber ist ein Hotel, in dem die Touristen schlafen. Das habe ich schon wild gefunden. Ich

bin tagsüber durch die Slums gefahren, das fand ich krass. Dann habe ich nachts einen Freund vom Flughafen abgeholt und gesehen, wie die Leute einfach direkt auf der Straße schlafen. Um in die Unterkunft zu kommen, mussten wir über drei Leute drübersteigen, das hat mich bestürzt.

Der Abschied fiel mir schwer von

Den Kindern. Da gab es einzelne, die sich sehr geöffnet haben, sehr anhänglich waren, die einem sehr ans Herz gewachsen sind, das war dann schon schwer.

An der Ankunft war schön

Dass ich von Freunden abgeholt worden bin, die mich dann gleich nachhause gebracht haben.

An der Ankunft war schwer

Ich habe mich recht schnell wieder eingelebt, bin mit Freunden in den Urlaub, eine Woche Segeln und dann Ferienarbeit bei der Tiroler Wasserkraft, da bin ich schnell wieder in die Routine gekommen. Aber im Internat war halt immer was los. Dann bist du zuhause, einerseits hast du deine Ruhe, deine Ordnung, aber es ist auch etwas Schönes, wenn immer etwas los ist.

Familie bedeutet mir

Rückhalt. Ich habe viel Kontakt gehabt, alle ein, zwei Wochen habe ich mit meiner Familie telefoniert.

Gutes tun bedeutet

Manchmal einfach nur, seine Zeit herzugeben.

Armut ist

Existenzielle und soziale Armut, wenn Menschen ausgegrenzt werden.

Luxus ist

Selbstverwirklichung.

Glauben bedeutet mir

Viel Rückhalt. Beziehung zu Gott und alles, was dazugehört.

Freiheit bedeutet

Nachts noch rausdürfen.

Einsamkeit ist

Für mich nicht nur eine Frage des Alleinseins, sondern auch der Aufgaben. Wenn ich nichts zu tun habe, dann bin ich schneller einsam.

Glück ist

Wenn ich Erfüllung finde.

Ein besonders schöner Moment in meinem Leben war bisher

Da gibt es einige. Oft entstehen sie durch kleine Gesten, wenn man sie gerade braucht. Ich habe das bei den Kindern erlebt. Oft reicht ein Lächeln, ein nettes »Guten Morgen«, eine Umarmung, manchmal passt einfach der Moment.

Ein besonders schwieriger Moment in meinem Leben war bisher

Wenn es eh schon den Bach heruntergeht und Leute dann noch Streit suchen (lacht).

Das gebe ich den anderen Freiwilligen mit auf den weiteren Weg

Dass sie Erfüllung finden.

Das gebe ich mir selbst mit auf den Weg

Ich hoffe, dass es mit dem Studium hinhaut und wenn ich merke, dass es falsch ist, dass ich es dann auch einsehe und abbreche. Aber ich möchte meinen Idealen und Zielen treu bleiben.

Lisa Thonemann

Jahrgang 1995
Abiturientin
St. Blasien

Einsatzland Bosnien
Mitarbeit in einer Tagesstätte für körperlich
und geistig behinderte Kinder, Jugendliche
und Erwachsene in Tuzla

Diese Eigenschaft an mir ist besonders wichtig
Ich bin gerne unterwegs, bin ziemlich stur und meistens eher
gut gelaunt.

Meine größte Schwäche ist
Wahrscheinlich auch mein Sturheit.

Das macht mich glücklich
Gutes Wetter, gutes Essen, ein gutes Buch. Wenn ich nach einem Tag das Gefühl habe, meine Zeit gut genutzt zu haben.
Ein Tag am See, manchmal auch ein Tag, an dem ich morgens noch ein paar Sachen erledigt habe, dann arbeiten war,
am Abend noch etwas mit Freunden unternommen habe, das
kann auch ein glücklicher Tag gewesen sein.

Das macht mich traurig
Ich bin zwar kein Harmoniemensch, aber Streit macht mich
trotzdem immer extrem traurig. Auch, sich unverstanden zu
fühlen und in ausweglose Situationen zu geraten.

Das macht mich zufrieden
Wenn ich meine Zeit sinnvoll verbringe mit Dingen, die mir
Spaß machen und die anderen noch etwas bringen.

Das macht mich wütend
Menschen, mit denen man nicht diskutieren kann. Streit ist
ja eigentlich etwas Positives, aber wenn sich ausweglose Diskussionen ergeben, werde ich wütend. Ich mag das Gefühl
nicht, auf der Stelle zu treten.

Vom nächsten Jahr erhoffe ich
Erfahrungen, Begegnungen, Aufbruch. Bisher habe ich in
einem recht festen Muster gelebt. Ich habe meine Hobbys,

meine Freunde. Nun werde ich andere Menschen kennenlernen, vielleicht sehen, wie man auch glücklich und zufrieden
leben kann, auf eine andere Art.

Vom nächsten Jahr befürchte ich
Heimweh. Und dass ich nach dem Jahr vielleicht in Deutschland nicht mehr so reinpasse, weil ich mich so verändert
habe. Dass dann die Selbstverständlichkeit fehlt, sich zuhause vollkommen richtig zu fühlen.

Das nehme ich unbedingt mit
Meine Ballettschuhe vielleicht. Gute Musik, Fotos von Freunden und Familie.

Diese Musik nehme ich auf jeden Fall mit
Einen bunten Mix, viel Rock, »Die Toten Hosen« auf jeden
Fall, vielleicht noch ein bisschen Klassik. Ich glaube, die
Geige werde ich daheim lassen.

Weihnachten erwarte ich
Mit den Mädels aus der WG einen schönen Abend zu haben.
Dass man vielleicht ein bisschen Post bekommt von daheim.
Wir werden in einem muslimischen Umfeld leben, also
schätze ich, dass Weihnachten eher so ein Tag wird wie jeder andere. Und das werde ich einfach mal so annehmen und
schauen, welche Feste sonst noch gefeiert werden.

Für meinen Geburtstag wünsche ich mir
Kuchen. Ja, Kuchen.

Verändern wird sich an mir bestimmt
Ich werde eine neue Sprache sprechen und vielleicht nicht
mehr so an dem hängen, was ich besitze. Das lass ich ja
jetzt zurück. Vielleicht werde ich auch lernen, öfter mit mir
selbst allein zu sein, nicht immer das Gefühl zu haben, man
braucht jetzt andere Menschen um sich herum. Vielleicht
werde ich mir selbst ein besserer Freund.

Lernen möchte ich
Kroatisch und Offenheit gegenüber allem Neuen, zum Beispiel meiner Stelle.

Vermissen werde ich
Freunde, Familie und das Essen.

Der Abschied fällt mir schwer von
Ich habe drei Freundinnen seit dem Kindergarten, von denen

wird mir der Abschied sehr schwer fallen. Dann natürlich von meiner Familie, aus der ganzen Gemeinschaft, in der man im Moment lebt, was man sich so aufgebaut hat mit Freunden, Hobbys, Familie, dieses Gleichgewicht, das man gefunden hat.

Familie bedeutet mir

Rückhalt und auch die Vermittlung von Werten. Wenn man mal nicht weiterweiß, kann man auf das zurückfallen, was man in der Familie mitbekommen hat.

Gutes tun bedeutet

Nicht nur an sich selbst zu denken, sondern Dinge zu tun, die für andere positiv sind.

Armut ist

Nicht zu haben, was für einen persönlich, existenziell wichtig ist – materiell wie immateriell.

Luxus ist

Alles zu haben, was man sich wünscht, und dann Luxusprobleme zu bekommen, zum Beispiel trotz allen Reichtums unzufrieden zu werden.

Glauben bedeutet mir

Darauf vertrauen zu können, dass alles gut wird. Dass man nicht nur auf seine eigenen Fähigkeiten setzen muss, sondern sich auch ein bisschen fallenlassen kann.

Freiheit bedeutet

Mit seinem Verstand das zu tun, was man in der Situation für richtig hält.

Geld ist

Geld macht vieles leichter.

Heimat ist

Das Gefühl, irgendwo hinzukommen und da reinzupassen.

Heimweh ist

Ein Gefühl des Zusammenhalts, des Reinpassens, des Akzeptiertwerdens und der gleichen Gesinnung zu vermissen.

Sprache ist

Kommunikation, also absolut wichtig.

Glück ist

Etwas Tieferes als Spaß, eine Zufriedenheit, die einen über längere Zeit trägt und einem bei Schwierigkeiten die Gewissheit gibt, dass alles wieder gut wird.

Ein besonders schwieriger Moment in meinem Leben bisher war

Ja zu sagen zu meinem Einsatzort. Das war nach der Bewerbung nochmal ein schwieriger Moment.

Das gebe ich den anderen Freiwilligen mit auf ihren Weg

Na, alles Gute natürlich! Dass sie es genießen, versuchen, alles mitzunehmen, und auch in den Zeiten, in denen es mal nicht so gut läuft, eine gute Gemeinschaft erleben.

Das gebe ich mir selbst mit auf den Weg

Alles nicht so verkrampft zu sehen, nicht so »deutsch verkopft«. Ich würde gerne nach dem Jahr sagen, dass ich in Bosnien Freunde gefunden habe. Aber ich glaube, für mich ist es wichtig, das Ganze jetzt einfach auf mich zukommen zu lassen.

Lisa Thonemann

Nach der Rückkehr

Das kann ich besonders gut
Entspannen, Zeit für mich genießen, reisen, mich für Dinge interessieren und auch dranbleiben.

Diese Eigenschaft an mir ist besonders wichtig
Ich bin verlässlich, mache viele Dinge mit, und wenn ich einmal Freunde gefunden habe, dann bleiben die das in der Regel auch.

Das macht mich glücklich
Gutes Essen, entspannte Stimmung, nette Leute, ein schöner Tagesablauf.

Das macht mich traurig
In letzter Zeit vieles. Dass viele Missstände auf der Welt nicht verändert werden, obwohl man sie verändern könnte.

Das macht mich zufrieden
Sinnvoll verbrachte Zeit.

Das macht mich wütend
Viele Kleinigkeiten im Alltag, wenn Leute Essen wegschmeißen oder sich über Nichtigkeiten aufregen.

Das hat mir das vergangene Jahr gebracht
Einen anderen Blick auf Deutschland. Ich konnte von Bosnien aus gut beobachten, wie sich Deutschland in Europa verhält und was das bewirkt. Was wir alle bewirken, etwa durch unser Konsumverhalten. Außerdem ist mir nochmal mehr aufgegangen, wie viele Möglichkeiten wir in Deutschland haben. Ich kann jetzt alles studieren, was mir einfällt, reisen, Sprachen lernen, Sportarten ausprobieren. Diesen Luxus habe ich neu gesehen.

Vom nächsten Jahr erhoffe ich
Ich habe angefangen, in Mannheim Psychologie zu studieren, und freue mich, jetzt nach all der praktischen Arbeit wieder etwas mehr Kopfarbeit zu leisten. Ich hoffe aber auch, dass ich etwas von dem, was ich in Bosnien erfahren habe, weiterführen kann. Ich weiß noch nicht wie, aber ich möchte neben dem Studium noch etwas anderes machen.

Das habe ich zurückgelassen
Alles, was nicht mehr in den Rucksack gepasst hat. Aber keine Eigenschaften – ich habe mich mit hingenommen und auch wieder mit zurück.

Vermissen werde ich
Die Zeit! Dass man sich Zeit nimmt, um zusammenzusitzen, zu essen, zu feiern, einander zuzuhören. Und die bosnische Gastfreundschaft, diese generelle Offenheit gegenüber anderen, das erlebe ich in Deutschland, etwa wenn Gaststudenten an die Uni kommen, anders.

Liebe bin ich begegnet in
Den Kindern, die konnten ihre Zuneigung so leicht zeigen. Aber auch in den Familien, wir sind immer wieder eingeladen worden und wir wurden sehr liebevoll aufgenommen.

Verändert hat sich an mir
Mein Blick auf Deutschland und die Zusammenhänge in der Welt. Man zieht sich immer so leicht darauf zurück, dass man an bestehenden Verhältnissen nichts ändern könne, aber das Handeln jedes Einzelnen hat eben doch Auswirkungen, das sehe ich jetzt viel stärker.

Gelernt habe ich
Offener zu sein, mehr Ja zu sagen, mehr mitzumachen, mir mehr Zeit zu nehmen und nicht immer gleich einen Plan zu haben, sondern einfach zu schauen, was der Tag einem bringt.

Überrascht hat mich
Das Deutschlandbild in Bosnien: Da ist Deutschland ein Sehnsuchtsort – das reiche Land, in dem man alles erreichen kann. Bosnien liegt ja eigentlich recht nah, aber diese Vorstellung ist sehr stark. Und natürlich lässt einen das auch über die eigenen Privilegien nochmal neu nachdenken.

Bestürzt hat mich
Ich wusste gar nicht so viel über Bosnien, über den Krieg dort etwa hatte ich vieles gar nicht so präsent. Das hat mich selbst bestürzt.

Der Abschied fiel mir schwer von
Den Kindern, von der Stadt, von der Gesamtheit des Jahres,

von all den Leuten, die man kennengelernt hat, vom anderen Umgang mit der Zeit.

Gutes tun bedeutet
Sich die Zeit zu nehmen, um zu schauen, was man für andere tun kann.

Armut ist
Leute sind arm, wenn sie sich selbst arm fühlen. Zum Armsein gehört also auch, dass man sich vergleicht und darauf schaut, was andere sich leisten können.

Luxus ist
Viele Annehmlichkeiten und viele Chancen zu haben.

Glauben ist
Das Vertrauen darauf, dass alles gut wird, dass man selbst etwas dafür tut, dass man aber auch weiß, dass man manche Dinge einfach ablegen darf.

Freiheit bedeutet
Selbst entscheiden zu dürfen, was man für wichtig hält.

Heimat ist
Der Ort, an dem die Freunde sind, wo man die Sprache der anderen versteht und sich wohlfühlen kann.

Heimweh ist
Sich unverstanden und einsam zu fühlen.

Glück ist
Wenn man zufrieden sein kann, wenn man immer noch Wünsche hat, noch auf ein paar Dinge hinarbeitet und sich darauf auch freuen kann, im Großen und Ganzen, aber mit seinem Leben einverstanden ist und auf schöne Erinnerungen zurückblicken kann.

Ein besonders schöner Moment in meinem Leben bisher war
Ich habe mit meinen Eltern in Sarajevo Ostern gefeiert. Wir sind dort von Leuten eingeladen worden, uns einfach zu ihnen zu setzen und etwas mit ihnen zu trinken. In einem muslimischen Land an Ostern so zusammenzusitzen, war ein besonders schöner Moment.

Ein besonders schwieriger Moment war
Wenn ich mich mit den Kindern alleingelassen gefühlt habe. Es gab eine große Flut in Bosnien, da wurde das Personal knapp. Ich war manchmal allein mit den Kindern und wenn sie dann außer Rand und Band waren, das war schwierig.

Das gebe ich den anderen Freiwilligen mit auf den Weg
Ich wünsche ihnen, dass sie ihren Weg finden, wie ihr Jahr für sie nachhaltig weiterwirken kann. Dass sie einen Beruf finden, der ihnen Spaß macht, und dass sie ihre Erfahrungen nicht vergessen.

Das gebe ich mir selbst mit auf den Weg
Ich will das Jahr auch nicht vergessen, mich nicht auffressen lassen vom Alltag, sondern eine Aufgabe finden, die mich zufrieden macht, damit ich abends nachhause kommen und denken kann, das war ein guter Tag. Ich habe ihn gut genutzt.

Dank

25 Freiwillige sind in die Welt aufgebrochen, um ein Jahr anders zu leben. Ihre Erfahrungen haben sie mit uns geteilt, haben sich vor die Kamera gewagt und uns ihr Vertrauen geschenkt. Dafür möchten wir ihnen danken.

Möglich ist dieses Buch außerdem nur, weil es Menschen im Hilfswerk der Jesuiten gibt, die die Freiwilligen auf ihre Aufgaben vorbereiten, sie während des Jahres begleiten, in Krisenzeiten bereitstehen – und auch, wenn es darum geht, all die schönen, überwältigenden Erfahrungen in den Projekten zu teilen. Darum gilt Dank auch: Carolin Auner, Petru Giurgi, Rossemary Brückner-Hospedales, Katrin Morales und Andrea Gisler sowie allen hauptamtlichen und ehrenamtlichen Mitarbeitenden der Jesuitenmission.

Bei der Verschriftlichung der Interviews hat Paula Grzesiek geholfen und ihre Unermüdlichkeit bewiesen, herzlichen Dank!

Stefanie Penck und Sarah Mayer-Voigt haben das Buch für den Herder Verlag mit Begeisterung und großer Sorgfalt begleitet, ohne sie hätte es nie diese Gestalt gefunden.

Und dann gibt es noch ein paar Menschen, die ihren Namen an dieser Stelle nicht wiederfinden müssen – sie wissen, dass sie uns Kraft und Freiraum für dieses Buch geschenkt haben.

Düsseldorf, im August 2015
Andreas Krebs und Dorothee Krings